Traditions de Noël en PROVENCE

Jean COUTAREL

Traditions de Noël en Provence

Les traditions Calendales

© 2019 - Jean COUTAREL

Éditeur : BoD-Books on Demand
12-14 rond-point des Champs-Élysées, 75008 Paris
Impression : Books on Demand, Norderstedt, Allemagne

Illustrations : Collections personnelles de l'auteur

ISBN : 978-2-3221-8949-6
Dépôt légal : Novembre 2019

Du même auteur

Les Contes du Tambourinaire – 2017 (éditions B.O.D)

Notices :
Mystérieux galoubet – 1971
Méthode de galoubet – 1974
Tricentenaire de la mort de Nicolas Saboly – 1975

Études et communications :
La Revue du Tambourinaire (12 numéros de 1989 à 1995) *
La vie merveilleuse de Saint Gens (Monteux – 2004) *
Les traditions calendales – Noël en Provence (2015) *
Le patrimoine musical de Pernes – les – Fontaines (livre – disque 2016) *

Discographie
Galoubet et Tambourin à Orange – 45 T. Production François Comtat (1967)
Chants et Danses de Provence – Les Enfants d'Arausio – 33 T. Barclay 1968
Spécial Instrumental « le Galoubet Provençal » . Chant du Monde (1975)
Noëls de Provence (Indicatif de Nans le Berger). Le Chant du Monde (1975)
Musique traditionnelle de Provence – 45 T. Studio SM (1976)

Chez Prodisc :
Musique traditionnelle de Provence et du Comtat Venaissin (3 volumes) 33 T.
Tricentenaire de la Mort de Nicolas Saboly (1975) – 33 T.
Récital Jean Coutarel à Vacqueyras (1976) – 33 T.

Productions Jean Coutarel – Editions du CREPMP:*
Récital Jean Coutarel « avec les histoires » – 1986 (K7 et CD)
Récital « La veillée » – 1989 (K7 et CD)
Récital « Légendes et contes » – 1993 (K7 et CD)
Récital « Encore des histoires » – 1995 (K7 et CD)
Récital « Toujours des histoires » – 1997 (K7 et CD)
Un air de Provence, spectacle contes histoires chansons – 1995 (K7)
Noël en Provence – conférence enregistrée – 1998 (K7)
Les plus belles musiques de Provence – 1997 (K7 et CD)
Galoubet et Orgue – 1997 (K7 et CD)
Jean Coutarel raconte : Noël en Provence – 1999 (K7 et CD)
Jean de l'Ours et autres contes traditionnels – 1999 (CD)
La belle histoire de Saint Gens – 2004 (DVD)
Jean Coutarel à l'Opéra d'Avignon – 2004 (DVD)
La veillée – 2007 (DVD)
Récital au Galet – 2010 (DVD)
Le Jubilé de Jean Coutarel – 2 017 (DVD)

CREPMP : Club de Recherche, d'Édition, de Promotion de la Musique Provençale Association fondée en 1988 à Mallemort (13370) – Président fondateur : Jean Coutarel

Canten Nouvé, *Nouvé, Nouvé*
Nouvé sus la museto...

Chantons Noël, Noël, Noël
Noël sur la musette

Nicolas Saboly

Avant – propos

Du 4 décembre au 2 février, la Provence retrouve chaque année les vieilles traditions liées au solstice d'hiver.

Mais les temps changent… La modernisation emporte petit à petit toutes ces coutumes, toutes ces croyances ancestrales. Elle balaye en même temps le patrimoine de nos régions et l'héritage culturel reçu des anciens. Comme si *tradition* et *modernité* étaient incompatibles ! Nombreux sont les pays et les régions où l'on sait faire la part des choses.

Et tout n'est pas perdu ! Une bonne partie de ce qui est présenté ici est encore bien vivante en Provence. Des familles et des groupes de mainteneurs s'y emploient avec ferveur.

Et si ces traditions étaient un refuge face aux excès de notre société de consommation, particulièrement à Noël ?

Cette étude n'a pas la prétention ni la volonté d'imposer un retour en arrière, bien au contraire ! Mais de rappeler à toutes les générations le sens profond des rites et des croyances liées à ce cycle de Noël présentées ici dans leur version locale, chrétienne ou non.

Pour conclure sur une évidence : les traditions provençales apportent un éclairage universel à la célébration de Noël.

Je n'arrive pas à parler des traditions au passé. Pour moi, elles n'ont pas disparu, elles sommeillent. Si la vie moderne semble avoir eu raison de certaines d'entre elles, je reste persuadé que ces traditions attendent des circonstances à nouveau favorables pour se réveiller.

J'aime prendre l'exemple de la *fête des moissons* qui existait naguère un peu partout : la dernière gerbe ramassée était sacralisée.

Exhibée dans tout le village, elle était bénie au cours de la messe des moissonneurs. Elle symbolisait la récolte engrangée, promesse de pain pour tout l'hiver, éloignant tout risque de famine.

Cette gerbe enrubannée était au cœur d'une fête tour à tour joyeuse et recueillie, faite de gestes venus du fond des âges, de rites païens et religieux mêlés. Depuis longtemps, l'abondance du blé rend cette tradition inutile, sauf pour les nostalgiques et les groupes folkloriques !

Mais que le blé vienne à manquer dans le monde et la tradition aura de nouveau un sens. Alors, elle renaîtra. C'est une raison suffisante pour que les *passeurs de mémoire* fassent leur travail en cultivant le patrimoine et son héritage intellectuel.

C'est cette démarche de passeur de mémoire qui m'a conduit à engranger au cours de mes cinquante ans de pratique professionnelle un maximum de connaissances sur les traditions, sur les symboles qu'elles véhiculent, sur leurs sens et leur histoire. En premier lieu celles de cette période culturellement si riche : Noël et le solstice d'hiver.

J'ai aussi appris à ne pas être exclusif. L'expérience accumulée et les témoignages reçus m'ont conforté en ce sens. Ces traditions sont communes à d'autres pays et d'autres régions, souvent sous des formes très voisines. Le véritable intérêt pour moi, c'est de constater leur implantation dans la mémoire populaire provençale. Et de compléter avec mes connaissances et mes expériences personnelles.

Mais qu'on ne s'y trompe pas ! En ce début de troisième millénaire ces traditions *ne sont plus présentes* sur l'ensemble de la Provence, même si certaines subsistent ici ou là. Cette vision idyllique de la période calendale traditionnelle ne correspond pas à ce que l'on vit actuellement, sauf à bâtir volontairement un Noël "idéal". Se posera alors la question de sa localisation : la Provence est grande et multiple, les traditions varient dans leurs détails de terroirs en terroirs.

Ce qu'il en reste fait maintenant l'objet d'aménagements et d'évolutions locales, et c'est bien normal. Ces rites ne sont pas inscrits dans le marbre. Chacun les accommode à sa sauce préférée. La tradition, pour rester vivante, doit pouvoir s'adapter. À une seule condition : en connaître le sens profond. Sous peine de la voir s'endormir dès qu'elle n'aura plus aucune justification.

Je vous livre avec joie le résultat de mes recherches et leurs explications. En espérant continuer longtemps à parler des traditions au présent !

Jean Coutarel *Mallemort, automne 2019*

PREMIÈRE PARTIE :
LA PÉRIODE CALENDALE

L'HIVER EN PROVENCE

Dire qu'il y a des gens pour croire qu'il n'y a pas d'hiver en Provence. Ils pensent peut – être à la douceur qui a fait la renommée de la Côte d'Azur au 19° siècle.

La Côte d'Azur n'est qu'une petite partie de la Provence. Dès que l'on s'éloigne de la mer l'hiver est rigoureux : le vent, les gelées nocturnes, les pluies parfois débordantes, les fontaines prises par la glace... Et le mistral ! Cette fameuse "température ressentie" : 10° de moins les jours où il souffle fort.

Heureusement, comme souvent en Provence, on trouve tout et son contraire. À l'abri du vent maître, un jour de grand soleil, c'est un peu de printemps qui vient à votre rencontre. Sous un ciel sans nuages, d'un bleu profond... Avec le Mont Ventoux, la Sainte Victoire, les Alpilles ou la plaine de Camargue en toile de fond... C'est ce temps froid, sec et venteux qui caractérise nos hivers. Bien des *néo – provençaux* ne s'y font pas.

L'hiver, c'est aussi le temps du repos de la nature, donc celui du paysan. Il est important de replacer ces traditions dans le cadre de la société provençale telle qu'elle était au début du XX° siècle : dépendante en grande majorité de l'agriculture. La plupart des habitants sont concernés directement ou indirectement par le travail de la terre.

Pendant trois mois, de novembre au début du mois de février, ce n'est plus la terre qui décide, c'est l'homme !

Début novembre, toutes les récoltes sont rentrées, sauf les olives. Mais quelques belles journées y suffiront. C'est le temps de la chasse, du cavage des truffes, de la collecte du bois... C'est à ce moment de l'année que l'on décide de l'avenir de la ferme et des plantations à prévoir : *à Sainte Catherine, tout bois prend racine.*

Toutes les grandes foires agricoles traditionnelles sont organisées en octobre et novembre.

LA PÉRIODE CALENDALE

Au cœur de cet hiver provençal se situe la période *Calendale*. Elle réunit le temps de l'Avent et la quarantaine de Noël. Trois semaines avant, quarante jours après. Elle commence donc avec la Sainte-Barbe (ou Barbara), le 4 décembre et se termine avec la Chandeleur, le 2 février. Vingt jours avant le 24 décembre pour bien préparer la fête et quarante jours après pour respecter les vieilles croyances liées au cycle solaire. C'est la renaissance de la nature et le retour de la lumière.

Il n'est pas question ici d'échapper aux références chrétiennes pour évoquer la fête de Noël. D'abord parce que l'histoire des provençaux est profondément liée à la religion catholique : les papes d'Avignon et du Comtat Venaissin, l'héritage latin des Romains et de la Méditerranée, le conflit des religions du Luberon, les nombreuses croyances populaires liées à la présence de saints locaux, canonisés ou non…

Plusieurs villages ont aussi des communautés protestantes. Et grâce aux papes, les Juifs ont eu droit de cité dans certaines villes du Comtat Venaissin. Et puis quoi ! Qu'on le veuille ou non, Noël célèbre la naissance d'un enfant. Un certain Jésus…

Mais alors, pourquoi *"Calendale"* ? Ce vocable est propre à la région : *calendau* en provençal. On désigne aussi Noël par *calèno*, ou *calendo*, mais aussi… *Nouvè* !

Dans le calendrier Romain, chaque mois lunaire est précédé par les *"Calendes"*, journées festives. Celles qui correspondent au solstice d'hiver (21 décembre) sont les plus fastueuses. Fêtes païennes de débauches et d'excès : ce sont *les Saturnales*.

On l'a souvent oublié, mais la date de l'anniversaire de Jésus a été décidée arbitrairement par les autorités religieuses au 4° siècle, justement pour contrer ces fêtes païennes jugées immorales. Les spécialistes situeraient plutôt la naissance du Christ vers la fin du printemps…

Dès 336, la fête de Noël est mentionnée à la date du 25 décembre (au huitième jour des calendes de janvier) dans la *Depositio Martyrum*, le calendrier romain de la fête des Martyrs. Elle figure définitivement en 354 dans le Chronographe, sous le pontificat du Pape Liberius, confirmée par le Concile d'Agde.

Aux Saturnales, l'église oppose donc volontairement le *dies natalis solis invicti*, le jour du soleil invaincu, naissance d'une nouvelle année marquée par l'accroissement de la durée des jours. L'essence spirituelle de cette période de l'année est donc le passage du négatif au positif, de la nuit à la lumière, de la petite mort à la renaissance… La nature entame un nouveau cycle : c'est le temps du renouveau symbolisé par la venue d'un divin enfant.

Comme c'est souvent le cas dans l'imaginaire collectif, il n'y a pas *opposition* mais *superposition* : ce mélange d'inspirations à la fois païennes et religieuses est constant dans l'histoire des fêtes populaires, tout au long de l'année. C'est la christianisation des rites et des fêtes. Les symboles chrétiens se mêlent aux croyances populaires : la Sainte Trinité, l'allégeance aux saints officiels ou non, la représentation mystique des évangiles, la symbolique des chiffres…

La Provence s'est imprégnée de ce renouveau de la nature à l'aube d'une nouvelle année. Elle a gardé le nom de "*calendes*" pour désigner le temps de Noël et de "*période calendale*" pour l'ensemble des rites liés à cette transition naturelle.

LES VEILLÉES

L'hiver, c'est le temps du partage. La famille paysanne a besoin de se réunir pour se réchauffer, discuter, se divertir… Pour attendre en bonne compagnie des jours plus propices aux travaux extérieurs.

Directement liées à l'hiver, les veillées rassemblent les familles et les voisins. L'habitat dispersé des campagnes provençales entraîne souvent des déplacements importants, à pied, de nuit, dans le froid, en petites troupes. Dès le mois de novembre, plusieurs veilleurs se resserrent autour de la cheminée, des travaux spécifiques sont accomplis en commun : écosser les haricots, déboguer les châtaignes, trier les lentilles, chicoter (couper des sarments de vigne pour faire des plants) etc. Puis les hommes s'affrontent dans des jeux de cartes tandis que les femmes tricotent en bavardant et que les enfants jouent…

Alors vient l'heure de servir les beignets (*oreillettes, ganses ou merveilles*) accompagnés du traditionnel vin cuit dont l'alcool réchauffe vite l'atmosphère et délie les langues. C'est le moment d'écouter les anciens… C'est là que se fait la transmission orale de la connaissance populaire par des récits, des contes, des témoignages souvent répétitifs qui s'impriment à jamais dans les jeunes mémoires.

Parfois, on récite ou bien on chante… Et vient l'heure de la séparation, le retour vers la maison dans la nuit et le froid, les esprits bien remplis de bonnes paroles et de belles images alimentées par le bon sens paysan et le respect du terroir, de son histoire et de ses traditions qui forgent petit à petit le caractère des Provençaux de demain.

La télévision a quasiment mis fin à la tradition des veillées, mais elle n'a pas remplacé le rôle initiatique de cette transmission générationnelle.

Les portes se sont fermées. Chacun chez soi. On n'entend plus : « *Tais – toi, petit. C'est Papé qui parle* ». Mais plutôt : « *Tais – toi, Papé. C'est la télé qui parle !* ».

Autres temps, autres mœurs…

LE VIN CUIT

Traditionnellement servi durant les veillées, le *vin cuit* est obtenu à partir du moût de raisin très mûr, cuit dans des chaudrons de cuivre. Après réduction de moitié du volume, le jus concentré est filtré. On rajoute alors un peu de moût de raisin frais et le mélange est mis à fermenter pendant plusieurs mois.

La concentration des arômes en fait un nectar très apprécié pour accompagner les desserts, mais aussi, comme on l'a dit, pour réchauffer les organismes marqués par la promenade nocturne des veilleurs. Il était naguère très courant dans les fermes provençales, c'était le *« vin des veillées »*.

Assez riche en alcool (environ 15 degrés), sa commercialisation avait quasiment disparu. Mais des vignerons de la région d'Aix en Provence ont repris cette production traditionnelle.

Le village de Palette, dans la banlieue d'Aix en Provence, est connu pour son vin cuit depuis 1828. Il ne faut pas confondre le « *vin cuit* » avec le « *vin chaud* » ou avec les vins apéritifs. Ni avec la Carthagène, préparation à base de vin et d'alcool que l'on produit de l'autre côté du Rhône. Tout ceci à déguster entre amis, bien sûr, et… Avec modération

LE 4 DÉCEMBRE : SAINTE BARBE

Vingt jours avant le 24 décembre, c'est Sainte Barbe qui ouvre la période calendale. Le compte à rebours est lancé trois semaines avant ce jour tant attendu : Noël !

Le 4 décembre, on célèbre Sainte Barbe (ou Barbara selon les calendriers modernes) : la barbare ! La patronne des mineurs, des artilleurs et des pompiers, toutes corporations liées au feu.

Mais que vient – elle faire dans notre Noël Provençal ?

Rien ! Sinon d'être placée sur le calendrier romain à vingt jours de Noël. C'est un simple repère, une date fixe. Plus facile à retenir que celle de l'Avent qui débute un jour variable selon le calendrier grégorien : le quatrième dimanche précédant le 25 décembre.

Trois évènements traditionnels sont liés à cette date du 4 décembre : la préparation de la Crèche, l'ouverture théorique des Foires aux Santons et le "Blé de Sainte-Barbe".

On prépare la Crèche

Traditionnellement, c'est à partir du 4 décembre (et pas avant) qu'on commence à préparer la crèche familiale ; opération qui prendra plusieurs jours. En réalité, elle ne sera vraiment en place que quelques jours avant Noël, mais on peut commencer à réunir tous les éléments que l'on a soigneusement enveloppés dans des feuilles de papier journal : l'étable, les maisons du village, le puits, le moulin... Il faut aller récolter un peu de mousse, quelques brins de romarin, du houx, de la verdure pour composer le paysage qui sert de cadre à un village, dans lequel se trouve la crèche proprement dite. Quelques gravillons pour les chemins, du papier « du chocolat » (papier d'aluminium) pour la rivière... L'imagination est sans limites.

On dégage pour l'occasion l'emplacement traditionnel qui existe dans toute maison provençale qui se respecte : sous d'escalier, sur une desserte ou un bas de vaisselier... Pas question d'en changer sans risquer les foudres des ancêtres !

En Provence, plusieurs termes désignent le lieu traditionnel de la naissance du Christ : les Niçois parlent de *presepi nissarde*, les Provençaux de *grupi* ou *crupio*, ou de *jas*, ce qui correspond à l'étable ou à la mangeoire. On lui donne parfois le nom de *belèn* à Arles (à rapprocher du Catalan).

Pour peupler cette crèche, on collectionne les santons : ceux que l'on a hérités des aïeux et ceux que l'on ajoute chaque année pour compléter la collection ou pour remplacer ceux qui ont mal passé l'été.

Pour cela, on se rend dans une *"Foire aux Santons"*. La plus ancienne est celle des Allées de Meillan à Marseille. Elle a plus de 200 ans. Mais il en existe de nos jours des dizaines organisées dans toute la région... Dès le mois d'octobre ! Des dizaines de santonniers viennent là exposer leur production de l'année. Désormais, le tourisme leur offre l'opportunité de vendre leurs santons toute l'année ou presque, mais il y a seulement quelques années, la vente des santons ne se faisait qu'au temps de Noël.

LE BLÉ DE SAINTE-BARBE

La grande affaire du 4 décembre, c'est la préparation du *"blé de Sainte-Barbe"* : dans trois coupelles *(lei sietoun),* sur un lit de mousse ou de coton, on dépose délicatement quelques grains de blé bien serrés. Du blé ou des lentilles et même des pois chiches dont la verdure sera plus fournie.

On dispose ces trois coupelles près d'une fenêtre, à la lumière du jour. Et on arrose... Juste ce qu'il faut ! Pas trop pour ne pas faire pourrir les graines. Quelques gouttes d'eau tous les jours pour garder le coton humide... Au bout de quelques jours, les graines germent. Rapidement les petites feuilles vertes apparaissent. Chaque jour, on peut mesurer du regard la hauteur des pousses, chaque centimètre gagné nous rapprochant de la grande fête. Le *blé de Sainte-Barbe* joue alors un rôle semblable à celui du calendrier de l'Avent !

Si l'on a bien traité le blé avec attention, le soir de Noël les pousses de verdure atteindront une vingtaine de centimètres. Bien dru, bien droit et bien vert, il sera gage de prospérité dans la maison.

Entourées d'un joli ruban rouge ou jaune, ces assiettes de

verdure seront le décor principal de la table de Noël. Il est d'usage d'en réserver une à la crèche. Certains coupent la pointe des plantes au ciseau et offrent cette verdure en nourriture à l'âne et au bœuf, dans l'étable.

La fête passée, on rendra le blé à la nature en déposant les touffes aux coins d'un terrain déjà ensemencé. Trois touffes pour trois coins, le quatrième étant laissé libre pour permettre la fuite des mauvais esprits. C'est une pratique héritée des Romains.

La tradition du Blé de Sainte-Barbe reste très présente. D'abord parce qu'elle n'est pas coûteuse ; ensuite parce qu'elle a une vraie valeur pédagogique et surtout c'est une manière "active" d'attendre Noël. Jadis, on testait ainsi la valeur du blé à semer pour la saison à venir. On prélevait les graines sur la réserve faite lors de la récolte précédente. On connaissait ainsi à l'avance sa capacité à bien germer. D'où la croyance liée à la prospérité au vu de la vigueur des échantillons : quand le blé de Sainte-Barbe pousse bien, la récolte sera bonne.

La température des logis d'aujourd'hui est telle que le blé semé verdit en une dizaine de jours et que la date du 4 décembre devient plus théorique que pratique… Mais les croyances et les symboles liés à la germination des graines sont toujours forts et bien présents.

Le Blé de Sainte-Barbe c'est aussi la transmission de la vie par les graines : la renaissance perpétuelle de la nature, thème omniprésent de cette période Calendale.

Enfin, c'est un peu de verdure dans la maison au plus dur de l'hiver : c'est l'image du printemps à venir dans les jours les plus sombres de l'année. C'est ce même symbole qui a conduit les Alsaciens à faire entrer un sapin et sa verdure éternelle dans les maisons à Noël. Ce que les Romains faisaient déjà à leur manière en dispersant des branches de pin ou de sapin autour de leurs maisons.

Emporté par la mutation vers un noël commercial, le "*blé de Sainte-Barbe*" avait presque disparu de nos maisons dans les années d'après – guerre. En 1988, la Fondation Maguy Roubaud a mis en vente dans les boulangeries de petits sachets de blé : "*le Blé de l'espérance*". Cette fondation perpétue la mémoire d'une journaliste de la radio – télévision régionale très populaire, atteinte d'une longue maladie et décédée dans un accident de voiture près de Toulon.

Le blé de l'espérance est de retour chaque année dans les boulangeries dès la fin du mois de novembre. Le bénéfice de ces ventes est destiné à soulager les enfants malades et hospitalisés. Mais si vous souhaitez participer à cette œuvre humanitaire, exigez bien le logo de cette fondation : des contrefaçons se sont malheureusement développées ces dernières années.

Grâce à cette heureuse initiative, la tradition a repris ses droits. La présence du "blé de l'espérance" dans les commerces provençaux est devenue un signe avant – coureur de Noël ! Les enfants se familiarisent avec ces symboles et plusieurs villes (comme Aix en Provence) autorisent la vente des sachets de blé dans les rues le 4 décembre, comme on vend des brins de muguet le 1° mai.

DEUXIÈME PARTIE :
LA CRÈCHE ET LES SANTONS

La crèche universelle

La crèche trône dans la maison durant toute la période calendale. D'un simple recoin aménagé aux grandes constructions animées sur plusieurs étages, elle renvoie comme un miroir l'image du village à ses habitants.

La naissance de l'enfant Jésus, telle qu'elle est décrite dans l'Évangile selon Saint Luc, fait l'objet de représentations depuis des lustres ! Dans l'église de Saint Maximin la Sainte Baume (Var), un sarcophage datant du milieu du 4° siècle montre l'enfant nouveau – né installé dans une mangeoire. La Sainte Vierge accueille les Rois Mages. La même scène est reprise sur un autre sarcophage, dans l'église Saint Trophime d'Arles.

Sarcophage d'Arles - détail

Mais il faut attendre le 13° siècle pour que l'évènement soit présenté avec des personnages vivants, à l'initiative de Saint François d'Assise.

On lui prête souvent l'honneur d'être « l'inventeur » de la crèche ! En réalité, depuis la parution des évangiles, il existe de nombreuses représentations de la naissance de l'enfant Jésus. Son mérite est d'avoir fait jouer la scène de la divine naissance par de vrais personnages.

Il s'était retiré à Greccio, village perdu au cœur des montagnes des Abruzzes, au centre de l'Italie. En 1223, il obtint du Pape Honorius III l'autorisation de faire mimer cette scène biblique par des villageois. La messe de Noël fut dite près d'une mangeoire, entre un âne et un bœuf, le soir de Noël, dans une minuscule grotte que l'on visite encore de nos jours.

Les années suivantes, on a répété la scène. Puis les figurants furent remplacés par des statues en bois grandeur nature, en y ajoutant quelques personnages inspirés par les villageois eux-mêmes. La notion de « crèche » telle que nous la connaissons aujourd'hui était née.

La grotte de Greccio (Arbruzes – Italie)

Dans ce petit monastère de Greccio, une imposante collection de plus de 50 crèches de toutes tailles venues du monde entier est présentée. La crèche provençale y brille par son absence… Pourtant les Provençaux se flattent des origines locales du « *poverello* ». Sa mère était probablement native de Tarascon (ou de Beaucaire selon les sources). Une manière commode de rattacher l'histoire de la crèche à celle de la Provence.

LES MYSTÈRES DU MOYEN – ÂGE

À partir de l'initiative de Saint François d'Assise, la mémoire populaire s'est emparée de cette histoire merveilleuse de la nuit de noël, inventant toute sorte de situations parfois miraculeuses, souvent fantaisistes. Ces scènes sont mimées, jouées, chantées sur le parvis et dans les églises. Au temps de Noël, elles remplacent dans les paroisses les thèmes guerriers de la « chanson de geste ». Ce sont les « *mystères* » du moyen – âge.

La scène biblique se peuple alors de personnages nés de l'imagination populaire. On les retrouve dans un genre nouveau qui apparaît au $13°$ siècle : les noëls, chansons populaires qui connaîtront un développement majeur au $XVII°$ siècle, particulièrement en Provence.

La célébration de Noël prend alors un tour très local, chaque pays, chaque terroir adapte le récit de Noël à ses propres préoccupations.

Les grandes crèches d'église existent depuis le XIV° siècle : On doit au Pape avignonnais Jean XXII la mise en place de la première crèche dans la cathédrale Notre Dame des Doms vers 1320, un peu plus d'un siècle après l'expérience de Saint François d'Assise.

Les personnages en bois sont l'œuvre des Chartreux de Bonpas. Trois siècles plus tard, c'est à Flassans, petit village du Comtat au pied du Ventoux que la Confrérie du Rosaire installe une crèche en bois, œuvre de Michel Péru (1665).

Jusqu'à la Révolution, les crèches sont composées d'un Jésus, de la Sainte Vierge et Saint Joseph, l'âne et le Bœuf et quelquefois des bergers musiciens.

En Provence apparaissent les *crèches vivantes*. À Aix en Provence et à Marseille on organise des *crèches parlantes* animées. Scènes théâtralisées dans les églises des villages, véritables représentations avec textes et musiques autour de maquettes sophistiquées en ville… L'étable devient le centre d'un village bâti de toutes pièces, baptisé *Bételèn* par les Provençaux. Il est peuplé de toutes les corporations, les congrégations, les métiers… Tous les habitants s'y reconnaissent au travers de leurs fonctions.

Au $18°$ siècle, des représentations ont lieu en ville dans des sortes de théâtres en réduction. Elles connaissent un grand succès ! Les spectateurs, peu nombreux, s'installent autour de la crèche. Les personnages sont en papier mâché, en cire, en simple carton ou en verre filé, animés par des systèmes sophistiqués à base de rails, de cordelettes et de fil de fer. C'est devenu un vrai spectacle, dont les textes et les chants se figent, interprétés par des comédiens qui suivent la progression des personnages vers l'étable et leurs aventures parfois rocambolesques. Ces textes sont à l'origine des « *pastorales* » à la mode de Provence.

Mais la Révolution de 1789 va venir perturber cette belle tradition basée sur les croyances religieuses. On ferme les églises, transformées en « temples de la Raison ». On interdit les spectacles publics très prisés de crèches animées. Évidemment, toute allusion à la religion est bannie. La fête religieuse de Noël n'est plus d'actualité…

Santibelli napolitains

Les révolutionnaires tentent alors d'inventer une fête "laïque" célébrant la naissance d'un enfant – citoyen, reprenant le symbole de la continuité de la vie. Il naît sans pedigree et surtout en supprimant toute référence à Jésus Christ. Mais on ne détruit pas aussi facilement quinze siècles de croyances et de traditions, même à coups de canons ! La réaction ne se fait pas attendre.

Dans ces temps troublés, à Marseille où résident de nombreux Italiens, on s'extasie devant les statuettes figurant des personnages très expressifs, généralement en plâtre, peints de couleurs vives. Ils mesurent une vingtaine de centimètres. Ce sont les « *santibelli* » napolitains et siciliens, les beaux saints. Privés de leurs représentations distrayantes et des symboles qu'elles véhiculent, les Marseillais, ont tôt fait de les adopter, pour reconstituer à domicile la scène biblique et son environnement, toujours ancrés dans l'imagination populaire.

Des "Santibelli" aux "Santons"

Pour des raisons purement économiques, les « *santibelli* » italiens deviennent des « *santi beli* » provençaux (des *beaux saints*), puis des petits saints : « *lei santoun* » *(les santons)*. Leur taille diminue : ils ne font que sept à quinze centimètres en général. L'expression naïve est de mise, loin de la perfection du trait de leurs modèles italiens. Les personnages se multiplient et rapidement des dizaines de santons sont créés, à l'image de la société marseillaise du début du 18° siècle.

Deux événements vont accélérer la diffusion de ces petits saints : la mise au point, vers 1800 par Jean – Louis Lagnel (1764 – 1822) de moules en plâtre permettant de multiplier à moindres frais les personnages sculptés dans l'argile d'Aubagne et de Gémenos, près de Marseille. Leur prix devient tout à fait abordable pour les familles les plus modestes : ce sont les « *santons à un sou* ». Lagnel est parfois considéré comme le créateur des santons et le premier « santonnier ».

En fait, il a surtout favorisé la diffusion du santon dans toutes les couches sociales. Il était désigné comme « figuriste ».

Pendant près d'un siècle, le santon sera généralement vendu brut, c'est-à-dire sans peinture. Chaque famille se réservant le soin d'apporter ses propres couleurs au nouvel invité de la maison. L'autre tournant est la publication en 1844 de la Pastorale d'Antoine Maurel. Elle devient très rapidement « la » pastorale, avec ses personnages typiques incontournables : on les retrouve désormais dans tous les récits et les chants de Noël en Provence : ils sont « santonnifiés » et deviennent les piliers de la crèche provençale.

La généralisation des crèches en Provence

Dans la deuxième moitié du 19° siècle, pratiquement tous les foyers du terroir marseillais et aixois installent à domicile une crèche au temps de Noël ; parfois même sans faire référence à son aspect religieux. Une simple cabane ou de véritables villages animés avec cours d'eau et éclairage public, le champ est immense pour les amoureux de la crèche provençale.

En quelques années, la tradition se répand dans toute la Provence. Des concours de crèche ont lieu chaque année dans plusieurs villages de la région.

De vrais passionnés construisent pendant des mois des chefs-d'œuvre. De nos jours, la mode a dépassé largement le cadre local, quelquefois bien loin de la Provence : en Belgique, par exemple, plusieurs crèches provençales font l'objet d'expositions publiques chaque année dans tout le pays !

Nombreux sont les touristes de tous bords qui ont emporté chez eux un peu de l'âme de la Provence sous la forme de ces petits personnages. Et si elle n'est pas spécifiquement provençale (n'en déplaise aux purs et durs de la tradition), la crèche a pris dans notre région des proportions rarement atteintes ailleurs.

On peut en avoir la preuve chaque année à Arles au " Salon International des santonniers " qui, en plus de chefs-d'œuvre provençaux, propose des crèches du monde entier.

En Provence, plus de 250 artisans fabriquent et vendent leur production, multipliant les personnages : les grandes maisons historiques comme Fouque à Aix en Provence ou Carbonnel à Marseille proposent chacune plus de mille modèles dans toutes les tailles. Il ne faut pas s'étonner, dans ces conditions, que l'on s'éloigne un peu plus chaque année de la pure tradition biblique ! Il y a longtemps qu'on ne s'offusque plus des anachronismes ou des excentricités : Marcel Pagnol y côtoie Frédéric Mistral, le pompier de service discute avec un Roi Mage, Christian Lacroix prend les mesures de Mireille, Raimu rejoue une partie de carte éternelle sur le Vieux Port de Marseille, tandis que Charles Aznavour joue à la pétanque au pied du rocher des Baux de Provence...

Des discussions sans fin ont ainsi accueilli naguère la présence – ou non – du Maire et du Curé ! Les anachronismes sont omniprésents dans toutes les traditions.

Le costume des santons fait référence aux tenues traditionnelles des Provençaux du milieu du XIX° siècle, respectant à la fois les spécificités des métiers et les différents terroirs composant la Provence actuelle : comtadins, rhodaniens, arlésiens, marseillais, maritimes, gavots de Haute Provence...

À Grambois (Vaucluse), pendant six décennies, Louis Graille a reproduit fidèlement les habitants du village avec leurs costumes et leurs outils de travail. Il récupérait parfois des chutes de tissus chez le tailleur au moment de la confection de leurs costumes. Les habitants santonnifiés étaient parfaitement conformes à leur effigie. Ainsi, quand on installe la crèche dans l'église du village, plusieurs générations de villageois cohabitent pour un temps. Du moins leur santon, à leur image. Et il est devenu de bon ton de se faire santonnifier… Plusieurs artistes santonniers proposent d'acquérir cette petite part d'éternité !

Frédéric Mistral – Santons Fouque

La crèche traditionnelle

La crèche traditionnelle obéit en Provence à quelques règles. D'abord l'unité du lieu : un village de Provence, adossé à la colline. Avec une étable (grotte, remise ou cabanon) où se situe la scène biblique. Au – dessus, le ciel en papier peint d'un bleu profond, avec une multitude d'étoiles dont celle qui guide les rois mages.

Tout autour, le village avec sa place et sa fontaine, son église, ses maisons, ses ateliers, ses commerces. Et la campagne avec les animaux familiers. Lorsque la crèche prend une certaine importance, on s'ingénie à respecter la perspective, en utilisant des sujets de tailles différentes suivant la distance qui les sépare des « spectateurs ».

Crèche provençale (Paul Fouque)

La scène est censée se dérouler juste après la naissance du divin enfant. Les villageois se déplacent donc vers la crèche, les bras chargés de leurs présents : le meunier et son sac de farine, la poissonnière avec ses paniers de poissons, le chasseur son fusil et "une" lièvre [1]... Et l'aveugle, le rémouleur, le tambourinaire... Et

---

[1] *Vieille habitude venue du provençal : una lébra (féminin).*

"lou Ravi", avec ses bras en l'air, qui s'émerveille des belles choses de la vie.

Certains sont connus par leur surnom venu tout droit de la Pastorale : Roustido, Margarido, Giget, Jourdan, Chicoulet... Les crèches domestiques présentent en moyenne une trentaine de personnages. En toute logique, ils cheminent et leur regard se porte vers la crèche. Ce qui oblige à chercher un compromis : trouver une position permettant de détailler leur tenue et leurs attributs bien qu'ils soient de dos, tournés vers l'étable... Beaucoup de faiseurs de crèches oublient cette contrainte, préférant montrer le personnage de face. Ce qui conduit parfois à un non – sens !

Une autre contrainte née de la tradition des concours de crèches vient encore compliquer la tâche : on ne tourne pas autour d'une crèche. Elle est adossée à un mur et possède donc un côté aveugle.

La crèche vit au rythme du calendrier : construite à partir du 4 décembre, le "petit jésus" est mis à sa place par l'enfant sage de la maison dans la nuit du 24 décembre, au retour de la messe de minuit. Les Rois Mages sont tenus à l'écart, sur un meuble ou un rebord de cheminée. Et on attendra le 6 janvier, jour de l'Epiphanie, pour les placer bien en avant, aux premières loges, devant l'enfant Jésus.

Comme on n'arrête pas une tradition vivante nourrie par l'imagination populaire, de nouvelles habitudes s'installent depuis quelque temps dans nos crèches familiales. Par exemple, une deuxième Sainte Vierge a fait son apparition chez certains santonniers, représentée avec le ventre bien rebondi des futures – mères... Et pendant la nuit de noël, tout en installant le petit jésus à sa place, on échange sa maman ! Logique, non ?

Autre exemple. Un nouveau personnage a trouvé sa place dans les crèches provençales : le *"cagaïre"*. Accroupi, les pantalons baissés sur les genoux, il se soulage dans un recoin de la crèche. Cette tradition vient tout droit de Catalogne, où le *"caganer"* est une institution. Tous les personnages publics y ont leur effigie en train de "caguer". La mode est arrivée en Provence depuis quelques années, véhiculée par les santonniers languedociens et très vite mise en pratique par plusieurs ateliers régionaux.

Lou Cagaïre
Santons Richard Aix en Provence

Toute nouveauté, toute entorse à la tradition bien établie se font souvent dans la douleur et dans les palabres. Mais au bout du compte, chacun s'y retrouve et une tradition qui ne sait pas évoluer est vouée à une rapide disparition.

Des discussions sans fin opposent les défenseurs du "vrai santon traditionnel" en argile cuite ou non et peint à la main, aux adeptes des personnages habillés de tissus de grande taille qui fleurissent un peu partout dans les magasins de souvenirs. Mais méfiez – vous ! Certains artistes savent si bien manier l'argile et le pinceau qu'au premier regard, vous aurez un doute sur la matière !

D'autant que les santons habillés de grande taille sont souvent composés de parties en argile : les bras, les mains, la tête, les jambes et les pieds sont préfabriqués et assemblés par un montage en fil de fer qui supporte le costume.

On doit aussi distinguer les "figuristes" modernes qui, à la manière des « santibelli » italiens, produisent des *figurines sculptées*, véritables chefs – d'œuvre en argile peinte, au réalisme impressionnant, nécessitant une grande habileté et des heures de sculpture et de peinture.

Chacune de leurs œuvres est unique. On est bien loin du santon moulé et de son aspect naïf rappelant les personnages de bandes dessinées. Ces pièces de collection ne sont pas à la portée de toutes les bourses… On trouve ces chefs – d'œuvre dans plusieurs crèches d'églises, héritées d'artistes reconnus ou de simples anonymes. Elles méritent une visite approfondie : des santons parfois plus que centenaires sont installés dans des décors qui occupent toute une chapelle. Celle des Arcs, dans le Var, est renommée. Tout comme celle de Notre Dame des Doms à Avignon. Il y en beaucoup d'autres.

Santonniers ou figuristes, de nombreux artisans ont obtenu le prestigieux label de "Meilleur ouvrier de France".

Crèche provençale ou village de Provence ?

En ce début de XXI° siècle, on assiste à une mutation de la notion de la "crèche" inspirée de la Bible et des évangiles vers la représentation idéalisée d'un village typique de Provence.

Et c'est vrai qu'on en trouve beaucoup, de ces villages qui ressemblent à l'idée qu'on se fait d'une crèche !

Ce n'est pas dans le décor que l'évolution est la plus nette : c'est dans les personnages qui peuplent le village. Si on met de côté la scène biblique et la quarantaine de santons traditionnels qui se rendent à la crèche, les bras chargés de leurs présents, il existe maintenant une foule de personnages qui ne sont pas concernés par la visite à l'enfant nouveau – né : ils vaquent à leurs occupations habituelles, sans se soucier de ce qui vient de se passer…

Ainsi les paysans labourent la terre, la maîtresse d'école dirige sa classe, les farandoleurs déroulent leur serpent ou bien dansent les Cordelles, les pêcheurs à la ligne attendent patiemment leur prise du jour, les bugadières étendent leur lessive… etc.

Les crèches modernes sont un conservatoire du riche patrimoine de la Provence, où les costumes, les outils, les réjouissances et le savoir – faire se sont donnés rendez – vous.

Le célèbre "coup de mistral". Santon créé par Paul Fouque

TROISIÈME PARTIE : LES CHANTS DE NOËL

Noël et ses chants

Sans majuscule, les noëls sont les chants ayant pour thème la fête de Noël. La chanson est un moyen populaire efficace pour communiquer et partager ses sentiments, ses croyances, ses émotions et pour participer activement à la fête.

Qu'ils soient religieux ou profanes, les noëls évoquent une fête joyeuse et conviviale. Les premiers sont probablement nés avec les mystères du moyen – âge, dès le 13° siècle.

Il est important de préciser que ces chants célébrant la Nativité ne sont pas exclusivement destinés au soir du 24 décembre ou à la messe de minuit, mais à toute la période de l'hiver qui nous intéresse. Durant ce temps de Noël, dans de nombreuses paroisses, ils étaient repris en chœur chaque soir, avant les vêpres.

La Messe étant célébrée en latin jusqu'au Concile Vatican II (1965), les chants en langue régionale s'en trouvaient exclus et leur interprétation reléguée soit hors de la messe, avant ou après, soit dans le cercle familial.

* * *

La Provence joue un rôle primordial dans l'histoire de ces noëls. Ceux dits "*de Notre Dame des Doms*" datent de la fin du 15° siècle et ont une histoire singulière.

Jusqu'en 1792, Avignon était une ville – état, tout comme Monaco de nos jours. Avec le Comtat Venaissin (qui représente la moitié du département du Vaucluse), elle était la propriété des Papes. Ils n'y séjournèrent que 70 ans, au XIV° siècle. Mais pendant quatre siècles, le Légat du Pape à Avignon et le Vice – Légat à Carpentras avaient la maîtrise de ces territoires. Ils bénéficiaient d'une grande liberté vis – à – vis du Royaume de

France. De nombreuses personnalités, dans tous les domaines, s'installèrent dans ces terres et certains y trouvèrent refuge, grâce aux Papes : c'est le cas des Juifs, dans tout le Comtat.

L'activité économique et culturelle d'Avignon, dès le 15° siècle était foisonnante, encadrée par un pouvoir religieux omniprésent et bienveillant. L'un des domaines les plus vivants était celui de l'imprimerie et de l'édition. Sept grands imprimeurs et éditeurs de livres de toutes sortes publiaient les écrits avec l'autorisation de ces autorités religieuses.

De nombreuses bibliothèques privées se sont alors constituées. À la disparition des privilèges du Comtat, leurs fonds ont été collectés et récupérés par des institutions locales comme la bibliothèque Inguimbertine de Carpentras, le Palais du Roure ou la médiathèque Ceccano d'Avignon. Sur le plan littéraire ou musical, ces fonds sont impressionnants. Certains n'ont pas encore été complètement dépouillés. Et il n'est pas rare d'y découvrir des trésors !

LES NOËLS DE NOTRE DAME DES DOMS

De très anciens noëls ont été découverts par hasard en Avignon au milieu du XX° siècle. Ils avaient été copiés à la main par les archivistes de Notre Dame des Doms (la basilique jouxtant le Palais des Pape), sur des feuillets qui servaient de renforts à la reliure de livres sacrés. C'est en démontant ces reliures au vingtième siècle que l'on a retrouvé une dizaine de textes manuscrits. Ils sont datés de 1570 à 1610.

Une deuxième série fut découverte, manuscrits datant de 1653 et 1656.

Deux érudits locaux, Jean Noël Clamon et le Docteur Philippe Pansier furent saisis de cette trouvaille. Ils les ont édités chez Aubanel en 1981, sous le titre *"Noëls provençaux de Notre Dame des Doms"*.

Ce ne sont pas les plus anciens noëls de France, puisqu'on en signale dès le 13° siècle, illustrant les Mystères de Noël. En Provence, Damaze Arbaud publia en 1852 une *"cantinella in natali Domini"*, d'après un manuscrit de Saint Honorat de Lérins daté d'avant 1442.

NOËL 11

1
Anuech la troupo angelico
En cantant lou bèu cantico :
Gloria... en grand musico
Nous cridè : Debout ! eh là !
Courrès vite à la bourgado
Visita lou nouvèu na.

2
Sus, descendèn la mountagno
Tóutis ensèn en coumpagno,
E courrèn pèr la campagno,
Sauten valat e coutau,
Anen tous vers Nostro Damo
Adoura soun fiéu très aut.

3
Iéu pourtarai à sa maire
De la un plen escaufaire,
Un gros froumage à soun paire,
E Janetoun un agnéu.
E tu pourtaras, moun paire,
Un plen plat de brigadéu.

4
Porto tu de la cabano
Un gros aus de belo lano. —
Farai la fèbre cartano,
Vole pourta un jipoun,
Fach à la darriero modo
Pèr douna à l'enfantoun.

Extrait du Trésor des Noëls Provençaux – CPM Editeur

Les Noëls d'Avignon témoignent de la ferveur des créateurs au seizième siècle, période généralement considérée comme la naissance de cet art populaire, textes et musiques profanes ou liturgiques.

Le dix – septième siècle sera celui de l'âge d'or des noëls, en Provence et dans toute l'Europe. Et c'est dans ce même Comtat Venaissin que naît et officie celui qui va donner ses lettres de noblesse aux chants de la Nativité : Nicolas Saboly.

LE PRINCE DES NOËLS : NICOLAS SABOLY

Né vers le 30 janvier 1614 à Monteux, il étudie chez les jésuites à Carpentras. Ordonné prêtre, après avoir occupé plusieurs postes dans la région, il obtient une charge de bénéficier à l'église Saint Pierre, dans la ville papale. C'est l'église du petit peuple avignonnais dont Nicolas Saboly partage la langue, le comtadin, version locale de l'actuel provençal.

Il s'oppose presque naturellement à l'hégémonie de Notre Dame des Doms, lieu de culte des bourgeois, des nobles et de la papauté, où le latin est la langue courante.

Ce prêtre malicieux et volontiers provocateur utilise la barrière de la langue comme rempart pour exprimer ses sentiments face aux autorités papales qui gouvernent la ville, menées par un Vice – Légat qu'il n'apprécie pas toujours…

Ayant malgré tout obtenu de ces mêmes autorités papales le droit de publier les chants qu'il avait composés pour cette période de Noël, les imprimeurs Domergue, Offray et Chastel nous ont légué huit fascicules publiés du vivant de Nicolas Saboly, entre 1668 et 1674. Chacun se compose de 8 à 12 noëls, écrits dans la langue du Comtat Venaissin qu'il faut rapprocher du provençal des félibres. Frédéric Mistral et ses amis se sont beaucoup appuyés sur l'œuvre du prêtre comtadin pour leurs travaux de rénovation de la langue provençale, dans la deuxième moitié du 19° siècle.

La musique des noëls n'est pas notée, les titres font référence à des airs populaires de l'époque : *"sur l'air de…"* et pour une dizaine des 62 (69 ?) noëls qui lui sont attribués : *"sur un air que Saboly a fait…"*

Ces noëls populaires sont d'abord une belle leçon de catéchisme. Les thèmes sont évidemment ceux de la Bible et des évangiles, mais Nicolas Saboly s'ingénie à y mêler les situations locales d'actualité, laissant croire que Jésus est né là, tout près, dans les collines du Comtat… Il ne manque pas une occasion d'y glisser des allusions à la vie locale, prenant parti pour ou contre les autorités locales et leur politique. Tout le génie de notre poète est dans ce subtil mélange qui fera école. Après la mort de Nicolas Saboly, le 25 juillet 1675, les rééditions de ces noëls se sont multipliées, toujours sans la musique, jusqu'en 1856. Date à laquelle un érudit avignonnais, François Seguin, effectue un collectage minutieux des airs sur lesquels sont chantés ces noëls dans les paroisses locales. Les éditions suivantes pourront paraître avec la musique. On dénombre plus de trente éditions des noëls de Nicolas Saboly à ce jour.

L'absence de musiques notées et les habitudes des paroisses font que certains noëls sont chantés sur des airs très différents.

François Seguin a pris soin de tous les transcrire. Et si les noëls de Saboly sont toujours d'actualité, plus de trois siècles après sa mort, ce sont 150 mélodies qui ont été collectées, en comptant les noëls qui lui ont été attribués par la suite, souvent à tort, mais on ne prête qu'aux riches...

D'autres auteurs de noëls lui ont succédé, comme l'Aixois Puech, le Père Xavier de Fourvière, le félibre Théodore Aubanel et bien d'autres... Un recueil du début du début du vingtième siècle, très courant dans les paroisses provençales, propose plus de trois cents noëls d'auteurs provençaux composés au cours de ces trois siècles. Mais aucun n'égalera la grâce et la popularité de ceux de Nicolas Saboly, dont la renommée dépasse largement nos frontières : on chante Saboly dans le monde entier !

Quelques titres sont bien connus : *La cambo me fai mau, Pastre dei mountagno, Touro louro louro, Per noun langui long dóu camin, Pastre Pastresso, Adam e sa coupagno, lei pastourèu an fach un'assemblado, Ah la bono fourtuno, Hou de l'oustau...*

Une polémique est engagée – et loin d'être close – à propos du noël *Guilhaume, Tóni, Peire*. Son attribution à Nicolas Saboly est contestée ; un énigmatique Frère Sérapion, dont on ne sait absolument rien, en serait le véritable auteur. La polémique serait vaine si Frédéric Mistral n'avait utilisé la musique de ce noël pour écrire l'hymne des félibres, *la Cansoun de la Coupo :*

Coupo Santo, E versanto,
Vuejo à plen bord,
Vuejo abord lis estrambord
E l'enavans di fort [2] *!*

---

[2] *Coupe sainte et débordante, verse à plein bord, verse et déborde de l'enthousiasme et de l'énergie des forts*

Des noëls provençaux universels

D'autres chants de Noël nés en Provence ont fait tour du monde. En commençant par la *Marche des Rois (la Marcho di Rei)*.

Quelquefois attribuée à tort à Saboly, on la doit en réalité au Curé Domergue, doyen d'Aramon, petit village des bords du Rhône. Il est l'auteur des paroles et aurait emprunté l'air (dit – on) à une Marche de Turenne entendue de la bouche d'un militaire revenu de campagne dans son village, au début du XVII° siècle. Certains attribuent cette musique à Lully, mais sans preuve. Telle qu'on la connaît de nos jours elle n'a été notée pour la première fois qu'au début du XIX° siècle.

Cette "Marche des Rois" est reprise chaque année lors les cérémonies marquant l'arrivée des Rois Mages dans la Cathédrale Saint Sauveur d'Aix en Provence, pour l'Épiphanie. Elle constitue un des cinq actes de la Pastorale Charbonnier, du nom de l'organiste qui l'a transcrite et arrangée pour l'occasion. La fête est connue dans le Pays d'Aix comme la "*procession de la Marche des Rois*".

Georges Bizet en fera un des thèmes principaux de la musique composée pour accompagner la pièce d'Alphonse Daudet, l'Arlésienne. Incorporée aux deux suites d'orchestre tirées de cette musique de scène, la Marche des Rois est connue dans le monde entier. Mais la version traditionnelle est aussi un des noëls les plus populaires :

De matin, ai rescountra lou trin
De très grand rei qu'anavon en viage [3]...

---

[3] *De bon matin, j'ai rencontré le train*
de trois grands rois qui partaient en voyage

* * *

Autre chant de noël mondialement connu, né sur les bords du Rhône : le célèbre "*Minuit Chrétien*" :

> *Minuit Chrétien, c'est l'heure solennelle*
> *Où l'homme Dieu descendit jusqu'à nous…*

Les paroles sont l'œuvre de Placide Cappeau, négociant en vin à Roquemaure, petit village du Gard qui fait face à Orange et Châteauneuf du Pape sur la rive droite du Rhône. Il était poète à ses heures et… Libre – penseur ! Ce qui est étonnant pour un auteur de noëls.

Une cantatrice parisienne nouvellement installée à Roquemaure, Emily Laurey, était arrivée là avec son mari, ingénieur des Ponts Chaussées, chargé de la construction du pont suspendu sur le Rhône entre Roquemaure et Caderousse. Le Curé du village avait demandé à Emily Laurey un chant nouveau pour illustrer la messe de Noël.

Madame Laurey connaissait les talents de poète de Placide Cappeau. En 1847, apprenant qu'il devait se rendre à Paris pour y vendre son vin, elle lui remit une recommandation pour rencontrer le musicien célèbre de l'époque : Adolphe Adam. Il avait été son Maître de chant. Son ballet "Gisèle" connaissait alors un grand succès.

Bien qu'il fût accueilli assez froidement, Placide Cappeau lui confia le texte de ce "Minuit Chrétien". Selon la légende, il l'aurait écrit dans la diligence le conduisant de Dijon à Paris.

Le texte figurera, plus tard, dans un recueil de poésies : "Le château de Roquemaure" (1853). Adolphe Adam fit parvenir en retour une musique jugée un peu trop pompeuse par ses contemporains…

Chanté pour la première fois la nuit de Noël 1847 dans l'église de Roquemaure par Emily Laurey, le chant s'est très vite répandu dans toute la région… Avant d'être longtemps interdit par le clergé, compte tenu des idées politiques de son auteur !

Mais pas facile d'aller contre la volonté d'un peuple… Provençal, de surcroît ! "Minuit Chrétien", connu aussi sous le titre "Noël d'Adam", fait partie de toutes les compilations de chants de Noël dans le monde entier et dans toutes les langues. Luciano Pavarotti, Roberto Alagna, Tino Rossi, John Littleton, Adrien Legros… Ses interprètes sont très nombreux !

* * *

Un troisième noël est né en Provence, plus précisément à Marseille en 1946. C'est certainement le plus populaire de tous. Sur la musique d'Henri Martinet, pianiste et auteur de "revues marseillaises", Léon Vincy a mis des paroles devenues synonymes de Noël :

"*Petit papa noël, quand tu descendras du Ciel…* "

Les circonstances de la création de ce "tube" laissent rêveur. Dans un premier temps, Henri Martinet avait composé la "*Revue de l'Alcazar de Marseille*" pour Noël en 1943, intitulée "*ça reviendra*". Une des chansons était interprétée par un enfant à genoux sur le devant de la scène, évoquant à mots couverts le retour des prisonniers :

> *Petit Papa Noël, je rêvais, c'est naturel,*
> *De jouets neufs plus amusants.*
> *Que ceux que j'ai depuis un an [...].*
> *Je t'en avais fait une longue liste,*
> *Mais ne les apporte pas*
> *Et pour que maman ne soit plus si triste*
> *Fais revenir mon Papa !*

Compte tenu des préoccupations de l'époque (1943), on imagine l'émotion et les réactions de la salle, pourtant réputée l'une des plus dures de France ! Cette chanson aurait dû disparaître en même temps que la Revue, au mois de janvier 1944.

Mais en 1946, pour les besoins du film "Destin", le réalisateur Richard Pottier chargea Léon Vincy, célèbre auteur d'opérettes marseillaises, d'écrire une chanson de Noël pour Tino Rossi.

Henri Martinet, devenu pianiste accompagnateur attitré du chanteur proposa de remettre au goût du jour son succès de 1943, en adaptant de nouvelles paroles. Ce que fit Léon Vincy, quasiment dans l'instant.

La scène du film fut tournée en une seule prise et dès le noël 1946, la chanson était disponible sur un disque 78 tours, vendu en 2 500 exemplaires. Un record, quand on sait que les airs célèbres d'opéra qui constituaient alors la manne des éditeurs de disques tiraient à moins de 1 500 exemplaires ! Depuis, de tirages en tirages, le succès ne s'est jamais démenti. C'est la chanson la plus vendue au monde !

D'autres chansons méritent une mention : *Jésus est né en Provence*, de Luc Dethome, chantée par Robert Miras dans les années 1980 :

> *Jésus est né en Provence*
> *Entr'Avignon et les Saintes Maries*
> *Jésus est né en Provence*
> *C'est un berger qui me l'a dit*

Et le merveilleux *"Noël des petits santons"* de René Sarvil et Paul Ackermans, chanté par Henri Alibert, Darcelys ou Fernand Sardou... Et par des générations de Provençaux :

> *Dans une boîte en carton*

Sommeillent les petits santons…

La renommée du Noël provençal doit beaucoup à tous ces chants devenus universels !

QUATRIÈME PARTIE : LES TRADITIONS DE L'AVENT

LE TEMPS DE L'AVENT.

De nos jours, cette période qui précède Noël est synonyme de course aux cadeaux et autres obligations consommatrices et commerciales. Naguère, ces journées étaient consacrées aux rendez – vous religieux, aux préparatifs de la fête et à l'accueil de la famille.

Dans ces temps de froidure, les veillées sont plus que jamais d'actualité : on y répète les chants de noël, la cérémonie des offrandes et du pastrage. On prépare les tenues, on peaufine le décor de la crèche, sans oublier d'arroser chaque jour le Blé de Sainte-Barbe.

Quelques traditions ponctuent ce temps de l'Avent.

En premier lieu, les aubades offertes à la population, comme celles des Fifres de Carpentras, qui débutaient un mois avant Noël. C'est aussi la visite des enfants dans les fermes du voisinage, pour y chanter les noëls. C'est une cérémonie qu'on retrouve dans de nombreux pays, comme les Christmas Carols des Britanniques ou ces chants qui accompagnent la Sainte Lucie en Scandinavie. En échange de leur prestation, les petits chanteurs reçoivent des friandises. La tradition s'est malheureusement perdue en Provence… Mais qui sait ? Elle pourrait bien renaître ! Et remplacer la distribution des bonbons pour Halloween…

C'est dans cette période que se situe la "*Santo Luço*", la Sainte Lucie fixée au 13 décembre. "*À la Santo Luço, li jour crèissoun du saut de puço*". La lumière du jour revient à petits pas, ceux d'une puce Les jours grandissent…

Pourtant le véritable retour de la lumière ne vient mathématiquement que dix jours plus tard, avec le solstice d'hiver. C'est encore une anomalie du calendrier grégorien. En 1582, le Pape Grégoire XIII a établi le calendrier que nous utilisons de nos jours, mettant fin au calendrier Julien et supprimant dix jours entre le 5 et 15 octobre. Du coup, la Sainte Lucie qui coïncidait peu ou prou avec le solstice s'est trouvée avancée de dix jours, au 13 décembre. Ce qui n'enlève rien à la vénération que lui conservent les peuples nordiques.

Autre préoccupation du moment : la météorologie. Le temps des 12 jours qui précèdent Noël est censé annoncer le temps des 12 mois à venir. Certains vous diront que ce sont plutôt les 12 derniers jours de l'année. Ils oublient la tradition provençale qui considère le 25 décembre, jour de Noël, comme le dernier jour de l'année. Donc on devrait compter ces douze jours en partant de la Sainte Lucie…

De toute façon, ces prédictions sont vagues et se vérifient rarement, il faut bien le dire…

LA SONNERIE DES "O"

Les cloches ont toujours rythmé la vie de nos villages et de leurs campagnes. Celles du clocher de l'église, mais aussi celle du beffroi républicain dont on décalait d'une bonne minute la sonnerie des heures, pour bien distinguer les deux sources sonores… Il y avait souvent l'heure des citoyens et celle du Bon Dieu !

On ne se rend pas bien compte de nos jours du rôle des cloches dans la vie des habitants : outre le décompte des heures dans la journée, elles annonçaient tous les événements locaux : baptêmes, mariages, enterrements. Elles alertaient les populations en cas d'incendies et de crues. Mais elles marquaient aussi les grandes heures de l'histoire du pays : la guerre, la naissance d'un dauphin, l'avènement ou la disparition d'un roi, les révolutions…

Les huit jours qui précèdent Noël, au moment du coucher du soleil, les cloches des églises sont lancées à toutes volées. On connaît cette tradition dans plusieurs régions du sud de la France et du nord de l'Espagne *(le Nadalet)*.

En plus de marquer les heures, ces sonneries de cloches ont toujours la même fonction : prévenir ceux qui vivent loin de tout de la venue de Noël. Ainsi, ceux qui vivent hors du temps sont prévenus que Noël arrive. Il est temps, pour eux, de se rapprocher du village.

De nos jours, elles sont devenues bien inutiles, avec les médias et le grand déballage publicitaire qui annonce Noël, souvent depuis le mois de novembre, impossible de passer à côté de la fête !

Ces sonneries de cloches étaient donc destinées aux populations isolées qui n'avaient qu'un seul calendrier, celui de la nature. Ceux – là savaient bien que les jours qui déclinaient les amenaient vers le solstice d'hiver et célébration de Noël. Ces sonneries de cloches leur confirmaient l'approche de la fête.

Les Provençaux parlent de la "*sonnerie des O*". L'explication est toute simple : les sept jours précédant Noël, du 17 au 23 décembre, les antiennes des vêpres qui se chantent au Magnificat, commencent toutes par l'interjection « O » :

> O Sagesse O Adonaï et Chef de la maison d'Israël,
> O Rameau de Jessé, O Clé de David, O Soleil de justice,
> O Roi des nations, O Emmanuel…

Quelques farceurs ont fait croire qu'on sonnait les "eaux" : celles de la Sainte Vierge qui va bientôt enfanter… D'autres préfèrent parler du "glas de la dinde" !

Cette "sonnerie des O" avait quasiment disparu, ayant perdu son utilité. Mais depuis quelques années, plusieurs paroisses ont repris la vieille tradition. Avignon et Manosque, par exemple, font sonner le Jacquemart et à Forcalquier on joue les noëls grâce au carillon de cloches, sur le promontoire de Notre Dame de Provence.

LES RÉCONCILIATIONS

Autre cérémonie de cette période : *les réconciliations*. Il est de tradition de se réconcilier avec ceux avec qui on s'est fâché dans l'année. C'est une manière d'aborder Noël en paix avec sa conscience.

C'est celui qui est censé avoir fait du tort à l'autre qui doit prendre l'initiative de la rencontre. Mais les torts sont souvent partagés et il est difficile de désigner offenseur et offensé !

L'offenseur se rend chez l'offensé, accompagné de voisins qui servent d'entremetteurs. Il frappe à sa porte. Là, de deux choses l'une : ou la porte s'ouvre, ou elle ne s'ouvre pas. Si elle ne s'ouvre pas, c'est que l'offensé n'a pas l'intention de se "*dé – fâcher*", et les choses resteront en l'état. Cela peut durer longtemps, très longtemps… Même passer au travers des générations !

Mais souvent, la porte s'ouvre et il est temps de présenter des excuses mutuelles et de fêter l'amitié retrouvée, pour passer Noël le cœur plus léger. Jusqu'à la prochaine occasion de re – fâcher !

La tradition des réconciliations est inspirée d'une pratique religieuse un peu passée de mode. On la retrouve sous des formes approchantes dans d'autres régions (Corse, Sardaigne).

CINQUIÈME PARTIE :
LE TEMPS DU RENOUVEAU

TROIS JOURS DE FÊTES

Et le jour tant attendu est enfin arrivé : c'est Noël ! *"Nouvè, Nadal, Nadau ou Calendo"*. Encore que *"Nouvè"* désigne le jour de Noël, et *"Calendo"* l'ensemble de la période calendale. La langue provençale est emplie de ces subtilités…

Pour célébrer le solstice d'hiver en Provence, la naissance du Christ et… La nouvelle année, trois jours de fête sont nécessaires !

On a généralement oublié la tradition pourtant bien ancrée : le 25 décembre, jour de Noël a longtemps été considéré en Provence comme *le dernier jour* de l'année. Le 26 étant *le premier jour de l'année nouvelle*.

Combien de nos contemporains qui profitent en Provence d'un jour de congé supplémentaire ce 26 décembre en connaissent l'origine ?

Dans d'autres régions, la tradition fixe le début de la nouvelle année le jour de L'Épiphanie, ou à la Chandeleur. En Provence, on préfère le lendemain de Noël. Peu de gens s'en souviennent ; c'est pourtant la clef qui permet de comprendre bon nombre des rites et des croyances du Noël provençal.

Ce calendrier peut paraître fantaisiste. Sachez qu'il correspond aux habitudes paysannes auxquelles nous faisons référence dans cette étude. On respecte les rendez – vous fixés par la religion, la fête votive dédiée au saint local… Et ceux liés à l'économie : le jour du marché, les foires, la Saint Michel ou la Saint Martin pour le renouvellement des baux ruraux… etc. Les évènements qui rythment la vie du village comptent plus que les dates lues sur un hypothétique calendrier.

Le premier janvier que nous fêtons maintenant n'est qu'une convention du calendrier grégorien, adopté en 1593 par le pape Grégoire XIII. Avant cette date, les rois de l'ancien régime faisaient débuter l'année au 1ᵉʳ avril. D'où l'habitude que l'on a gardée de faire des farces ce jour – là.

LE 24 DÉCEMBRE, LE GROS SOUPER

Nous voici donc arrivés au 24 décembre, veille de Noël. Dès le matin, les préparatifs vont bon train. La cuisine ressemble à une ruche. Pour marquer la fête, les plats qui seront servis ce soir – là réclament une longue préparation et beaucoup de patience et de savoir – faire : c'est le secret d'un "gros souper" réussi !

En Provence, on ne parle pas de réveillon, mais d'un repas familial aux recettes savantes utilisant les produits de saison, ordonnancé selon une tradition locale bien établie, organisé en fonction de la messe de minuit.

C'est un repas maigre, sans graisse ni viande. C'est le premier des trois repas de Noël : il sera suivi du repas du 25 décembre à midi et de celui du 26. Cette abondance semble souvent démesurée à ceux qui découvrent ces fêtes calendales.

On parle de la "*San Creba*" ou "*San Créboto*" : manger à en crever. Ces agapes organisées sur trois jours clôturent une période maigre (en principe celle de l'Avent) et précèdent la mauvaise saison, sans récoltes, obligeant à une certaine réserve collective.

Plantons d'abord le décor : la grande salle commune, la cheminée et la grande table illuminée comme jamais par trois chandeliers d'argent portant chacun une (ou trois) chandelles. La Sainte trinité est omniprésente… Neuf bougies éclairent ainsi la salle de leurs flammes et font danser les ombres sur les murs. Cette abondance de lumière tranche avec l'habituel lumignon qui n'éclaire qu'une partie de la salle. L'ambiance est sérieuse, faite d'un mélange de joie et de recueillement…

On n'oublie pas de mettre un couvert de plus, l'assiette du pauvre. On pense, bien sûr, à celui qui viendrait à pousser la porte ce soir – là, il serait bien accueilli.

Une autre explication prévaut en Provence : il s'agit d'une traduction abusive du provençal : *lou paure*. On utilise ce vocable pour évoquer les proches qui ont disparu : *Moun paure paire, la paure grand* [4]. « Mon pauvre père, Dieu ait son âme… » est une locution très courante pour parler des défunts de la famille. La place « *dóu paure* » serait donc la place réservée à ceux qui ont disparu. Rien à voir, avec celui qui sillonnerait la campagne à la recherche de l'hospitalité ! Même si l'image est belle…

La table est présentée selon des critères immuables.

Trois nappes blanches superposées recouvrent la table, habilement disposées pour qu'elles soient bien visibles dans les coins. Pour les chrétiens, c'est un rappel de la Sainte Trinité. Elles correspondent aux trois repas successifs de la célébration de Noël : repas maigre du "gros souper" le soir du 24, repas familial de Noël le 25 à midi, repas de l'an nouveau le 26 à midi. Après chaque repas, on enlèvera la nappe supérieure.

La plus belle vaisselle est sortie ainsi que les couverts en argent… Quand on en a ! Au centre de la table, on a déposé deux des trois coupelles de Blé de la Sainte-Barbe. La troisième est destinée à la crèche. Elles sont entourées d'un joli ruban jaune ou rouge. Si la disposition le permet, on aligne dès le début du repas les desserts au milieu de la table, chacun peut alors les savourer… Mais seulement du regard ! Car il n'est pas question d'y toucher avant minuit. Si la place manque, ils trôneront sur une desserte, bien à la vue de tous et tout aussi tentants.

---

[4] *Mon pauvre père, la pauvre grand–mère.*

Sept plats maigres

La soirée de Noël peut commencer. Chacun prend place autour de la grande table et c'est le défilé des sept plats maigres qui composent traditionnellement le Gros Souper. Oui ! Sept plats maigres ! Sept comme les douleurs de la Sainte Vierge et non pas comme les plaies du Christ (qui ne sont que cinq) comme on l'entend souvent… Sept comme les jours de la semaine, pour les non – croyants.

Sept plats, mais pas d'affolement : tout l'art culinaire de la cuisinière de service va s'exprimer dans ces préparations, à base de produits de saison récoltés sur place, savamment préparés et délicatement élaborés pour l'occasion. Cette longue besogne est la première offrande de la maîtresse de maison à ses convives.

Il n'y a pas de menu type, la seule obligation étant de préparer un repas maigre. Chaque terroir a ses propres ingrédients, chaque famille ses propres recettes… Évidemment, on trouve des constantes guidées par la disponibilité des produits à ce moment de l'année : les branches de céleri vert servies à l'anchoïade tiède (*la bagna cauda*[5]), la salade frisée à l'ail et aux croûtons frits dans l'huile d'olive, la tourte ou le tian d'épinards frais, les escargots que l'on a ramassés les jours de pluie pendant les vendanges et mis à dégorger dans un arrosoir recouvert d'un grillage, la carde ou le cardon en sauce, le gratin de courge, les panais en purée, l'omelette aux oignons…

Souvent un plat de poisson : généralement la morue salée et séchée qu'on peut transporter dans les coins les plus reculés ; il ne faut pas oublier de la faire dessaler plusieurs heures dans l'eau courante de la fontaine… Elle est souvent servie *"en raïto"*, sauce au vin rouge et aux câpres. Le commerce de la morue salée était

---

[5] *Spécialité niçoise et piémontaise.*

très répandu en Provence, du fait de la proximité des marais salants d'Aigues – Mortes. Les pêcheurs morutiers du Nord, de Boulogne sur Mer en particulier, venaient s'approvisionner en sel dans la région. Ils amenaient des tonneaux remplis de morue pêchée dans les mers du Nord. Une fois leur pêche vendue ici, ils repartaient avec des tonneaux pleins de sel.

On sert aussi les anguilles ou le mulet (ou muge), poissons d'eau douce.

Voici quelques plats locaux, cités par Marion Nazet, grande spécialiste des traditions du terroir marseillais et de l'ensemble de la Provence :

– Soupe de chou – fleur au fromage (Saint Rémy de Provence), Soupe de lentilles (Castellane), Soupe de pois cassés sans lard (Marseille), Soupe à l'oignon (Théoules), Soupe de crouzets (haute Provence), Soupe de lasagne (Drôme).

– La crouisse (sorte de crouzets farcis à la noix – Var), Raviolis farcis à la courge (pays niçois), Fricot d'épinards à la béchamel (pays d'Arles), Fricot d'escargots aux noix et aux anchois (cité par Marie Mauron), Omelette aux artichauts (Toulon).

– Morue en raïto (citée par Frédéric Mistral), Morue à la matrasse aux poireaux (grillée sur la braise – Var), Anguille en catigot (sauce blanche épaisse – Martigues), mulet aux olives (Arles), Poulpe en Daube (Marseille), tian d'épinards aux moules (Toulon) ou aux cacalaus (escargots – Carpentras).

– Carde en sauce blanche ou aux anchois (Comtat Venaissin), épinards frais aux œufs durs et à la morue (Aix en Provence), tourte de courge, d'épinards ou d'oignons (Reillane), Chou – fleur farci à la crème (Aubagne), beignets de panais (Drôme), gratin de côtes de blettes (haute Provence), Cèleri vert à l'anchoïade ou en pébrado (à l'anchois ou au poivre – Avignon), salade frisée à l'ail et aux croûtons [6]... etc.

La liste n'est pas limitative... Et le dessert n'est pas encore servi !

Trois chandelles éclairent la table de Noël. Un bon feu brûle dans la cheminée, source de chaleur et de lumière. C'est bien souvent à la lueur de ses flammes que se font les veillées ordinaires et leurs travaux collectifs. Et l'âtre va prendre soudain une place particulière dans cette nuit de Noël.

LE CACHO FIÒ

Car le moment est venu de célébrer le "Cacho Fiò" : on dit *"bouter cacho fiò"*. On a sélectionné une bûche, une belle pièce de bois fruitier : abricotier, amandier, pêcher, cerisier... Elle sera mise à feu au cours de la soirée, soit avant le repas, soit entre deux plats ou encore avant de se rendre à l'église, ou au retour.

Chaque famille a son propre rythme, dépendant de sa présence ou non à la messe de minuit... Quand celle – ci n'est pas programmée à 18 heures !

Mais avant de brûler, la bûche va être sacralisée. Elle fait d'abord une entrée remarquée dans la salle à manger, portée par le plus vieux et le plus jeune de la famille, ils lui font faire trois fois le tour de la table (on dit quelquefois de la maison) avant de la déposer dans l'âtre et d'y mettre le feu.

Dès qu'elle brûle bien, la famille se regroupe autour de la cheminée. La maîtresse de maison lance une poignée de gros sel sur la bûche enflammée. Le sel, symbole de la pureté (le sel du baptême) vient purifier l'âtre, le cœur de la maison. Le crépitement des grains de sel qui s'enflamment réjouit les enfants.

---

[6] *Liste dressée par Marion Nazet dans son livre Noël en Provence. Edisud*

Puis le Maître de maison arrose délicatement la bûche d'un verre de vin cuit : vœux de prospérité pour toute la famille. L'alcool fait danser la flamme qui illumine les visages tendus vers le feu. C'est alors que le maître déclame la formule consacrée, telle que l'a notée Frédéric Mistral :

Alègre ! Alègre ? Mi bèus enfant, Diéu nous alègre !
Emé Calendo tout vèn bèn...
Diéu nous fague la gràci de vèire l'an que vèn
E se noun Sian pas mai, que noun fugué pas mens ! [7]

Autrement dit, dans la famille, si certains s'en vont, on souhaite qu'ils soient remplacés par de nouveaux venus. Une famille prospère va toujours en s'agrandissant, jamais en rétrécissant.

319   ARLES. — MUSEON ARLATEN. Salle Calendale, Bénédiction de la Bûche de Noël.
       Salo Calendale, Ceremoni dou cacho-fio.   ND. Phot.

---

[7] *Allégresse, Allégresse ! Mes beaux enfants, Dieu nous réjouisse. Avec Noël, tout vient bien. Que Dieu nous fasse la grâce de voir l'an prochain et si nous ne sommes pas plus, que nous ne soyons pas moins !*

Cette cérémonie du *Cacho Fiò* mérite une attention particulière car elle résume l'esprit de Noël dans la tradition provençale.

La plupart des explications qui sont proposées ici ou là témoignent de la dégradation de la connaissance du sens profond de ces traditions ancestrales. Essayons déjà de traduire :

Cacho = changer, renouveler. *Lou fiò* = le feu.

Il est communément admis qu'il ne faut pas toucher au feu le jour de Noël, sous peine de malheur à venir…

Dans le même temps, cette bûche que l'on a sacralisée et que l'on a portée au feu est censée brûler "*jusqu'à l'année prochaine*".

C'est là que beaucoup de bêtises sont dites à propos de ce délai : connaît – on un morceau de bois, quelle que soit sa taille, qui puisse brûler pendant huit jours ? Et même douze si l'on écoute certains qui voudraient le voir brûler jusqu'à L'Épiphanie. Pourquoi pas jusqu'à la chandeleur ! Certains l'ont écrit ! D'autres, plus savants, ont dit qu'on éteignait la bûche le matin pour la rallumer le soir, pendant huit jours…

Cette tradition de la bûche de noël existe dans d'autres régions. Pas la pâtisserie que l'on déguste au dessert (dont elle est l'ancêtre) mais celle qui va brûler et se consumer dans la cheminée le jour de Noël. On l'appelle *tréfoir* en Auvergne et *tresfeu* en Bretagne. C'est-à-dire un feu qui brûle pendant trois jours.

Il faut garder à l'esprit cette notion de changement d'année le 26 décembre et non le 1° janvier. Alors, tout devient clair : on laisse brûler la bûche calendale sur trois jours, en réalité pendant une trentaine d'heures, de la nuit de Noël au matin du 26 décembre, ce qui n'est tout à fait réalisable !

Le vieux feu allumé dans la nuit du 24 décembre, on le laisse mourir le 25, tout comme se meurt la vieille année. Et le 26, on allumera un feu tout neuf (*bouto fiò* [8]!), comme l'année qui vient de commencer.

Voilà pourquoi on dit qu'on "*renouvelle le feu*", qu'on "*change de feu*". Alors que tous les autres jours de l'année, on s'ingénie à conserver et faire repartir le feu de la veille, avec quelques brindilles, en soufflant sur les braises enfouies sous la cendre, le feu de Noël, lui, va mourir pour mieux renaître.

Le symbole est évident.

Certaines croyances locales donnent aux braises non brûlées des vertus magiques : placées sur le haut d'une armoire, elles protègent la maison de la foudre. D'autres utilisations existent ici ou là.

Mais où est passé donc le Père Noël ?

En cette soirée de Noël en Provence, l'excitation des enfants n'a rien de commun avec celle du Noël des marchands que l'on connaît de nos jours. Ici, on n'attend pas la hotte remplie de cadeaux du Père Noël. Ces cadeaux, ils ne viendront qu'avec les Rois, le 6 janvier ! Tout juste une belle orange et quelques papillotes, distribuées par le Petit Jésus… Ou par la famille selon ses croyances !

Il est important de noter que ce noël "traditionnel", débarrassé de la course aux cadeaux, présente d'autres attraits que celui que l'on vit aujourd'hui. Le propos n'est pas ici de "tuer" le Père Noël, mais simplement de constater qu'il n'a pas tout à fait sa place dans nos traditions provençales. Fêter Noël revient alors à des fondamentaux : religion pour les uns, famille pour tout le monde.

---

[8] *Met le feu !*

Et si l'on veut se convaincre des bienfaits de cette distinction entre la fête de Noël – religieuse ou pas – et l'obligation de cadeaux aux enfants (sages de préférence…), il suffit de visiter nos voisins du nord de l'Europe qui profitent de la Saint Nicolas, le 6 décembre, pour procéder à cette distribution. Tout comme ceux du sud (Espagne, Italie…) qui ont conservé la tradition des Rois Mages, comme c'était de mise en Provence et dans toutes les contrées méditerranéennes avant l'arrivée de cet avatar de Saint Nicolas dans nos traditions, dans les années trente.

Débarqué avec les Hollandais dans le Nouveau – Monde, *Santa Klaus* (Saint Nicolas) est rebaptisé *Christmas father* par les Américains. Ce sont eux qui lui ont donné son costume bien connu. D'abord habillé de vert, couleur du renouveau, c'est une marque très connue de sodas qui l'a popularisé en rouge.

Puis il a traversé à nouveau l'Atlantique avec la société de consommation, pour revenir s'imposer à toutes nos civilisations occidentales.

EN ROUTE POUR LE VILLAGE.

Cette abondance de plats amène doucement la famille au moment du départ pour la Messe de Minuit. Et ce n'est qu'au retour de la cérémonie que l'on pourra enfin goûter aux desserts… Il n'est pas rare, dans certaines familles, de proposer à ce moment – là un plat de viande, souvent du gibier ou de l'oie. La période de repas maigre est bien finie…

On raconte que le pape Boniface, au Palais des Papes d'Avignon, trouvait ce repas maigre un peu léger à son goût… Il avait demandé qu'on lui serve aussi du castor, animal fréquent au bord du Rhône, qui passe la moitié de son temps dans l'air, l'autre moitié dans l'eau : on pouvait donc le considérer un peu comme une sorte de poisson compatible avec le repas maigre !

C'est cette anecdote qui aurait inspiré à Alphonse Daudet le texte savoureux des "trois messes basses".

De nos jours, ces obligations religieuses relativement bien suivies en Provence se résument à une messe tardive, rarement à minuit, mais plutôt en début de soirée. Ce qui perturbe le rituel du "gros souper" maigre.

LA TRADITIONNELLE MESSE DE MINUIT

Point d'orgue de la nuit de Noël, la cérémonie religieuse prend en Provence – pour ceux qui la suivent – des allures de fête populaire où la ferveur des fidèles se mêle à la joie simple des gens du terroir venus rendre hommage à l'enfant nouveau – né, le remercier des récoltes passées et demander son soutien pour celles de l'année à venir.

Bien sûr, les non – croyants en sont dispensés. Encore que ce soir – là, les églises sont souvent bien remplies. Nos braves curés provençaux imprégnés de la sagesse du terroir savent bien que leurs ouailles d'un soir ne sont pas toutes des piliers d'église ni des grenouilles de bénitier...

D'abord, il faut cheminer vers le village, à pied si possible, bien emmitouflés dans les manteaux, en petits groupes éclairés de torches, d'un fanal ou d'une lanterne... Qui n'a jamais pratiqué ce défilé nocturne ne connaît pas la magie de la nuit de Noël, une des nuits les plus longues de l'année. Lorsque le mistral a dégagé le ciel, des millions d'étoiles attirent le regard émerveillé des enfants... Ils cherchent celle des Rois Mages pour guider leurs pas vers l'église qui les attend, souvent froide à souhait...

La messe est généralement précédée d'une veillée faite de chants et de lectures, ou bien de la reconstitution du cheminement

de Marie et de Joseph vers l'étable, scène de la crèche vivante. Vient alors l'heure fatidique, saluée par un vibrant "Minuit Chrétien". Miracle ! L'enfant nouveau – né est arrivé on ne sait trop comment sur la paille, au cœur de la crèche. La messe de Noël peut alors commencer.Au moment de l'Offertoire, c'est la cérémonie des offrandes. Le folklore reprend ses droits. L'un après l'autre, les représentants du petit peuple cheminent dans l'église et viennent s'agenouiller devant l'enfant Jésus. Ils déposent leurs offrandes composées de produits du terroir. Chaque paroisse a ses propres spécialités : fruits et légumes dans les communes rurales, poissons au bord de mer, vin, raisin, huile et olives un peu partout… Lorsqu'il s'agenouille devant la crèche en signe d'allégeance, le paysan a toujours une petite pensée pour les prochaines récoltes.

Dans ce défilé vers la crèche, un groupe de femmes apporte l'œuf, le pain, le sel et une allumette. C'est un rappel de la tradition de la visite à l'accouchée qui se pratiquait naguère au moment de la cérémonie des relevailles. Les symboles sont bien connus : que l'enfant soit bon comme le pain (*bon coume lou pan*), sage et pur comme le sel (*sage coume la sau*), droit comme l'allumette (*dré coume uno brouqueto*) et plein de bonne vie comme un œuf (*e plèn coume un'iou*).

Fresque du Musée du Santon (Antoine Serra)

Chacun apporte un peu de lui – même : le tambourinaire offre sa plus belle musique, la boulangère une grosse fougasse, le chasseur "une" lièvre… Et celui qui n'a rien s'est arrêté en chemin, a ramassé quelques brindilles pour faire un joli fagot. Ces villageois sont de véritables santons vivants. Mais ce sont plutôt les santons qui sont à leur image !

Les plus attendus sont les bergers, "*li pastre*". D'où le nom habituel de "*pastrage*" donné à cette partie de la messe. Accompagné de quelques moutons, *lou Baïle* (le Maître berger) porte un agneau de quelques jours dans les bras qu'il dépose délicatement sur la paille, devant l'enfant – Dieu. La confrontation est chargée d'une grande émotion.

Aux Baux de Provence et dans plusieurs paroisses du pays d'Arles, une petite charrette illuminée par des cierges transporte l'agneau, tirée par un vieux bélier aux cornes impressionnantes. Ce défilé est accompagné de la musique des galoubets et tambourins qui jouent les noëls traditionnels, en particulier ceux de Nicolas Saboly.

Dans plusieurs villages, la messe de minuit se termine par la capture de la "*pétouso*" ou "*vacheto*" : un petit oiseau qui a été libéré juste avant la messe. Au cœur de l'hiver, on le trouve blotti dans les excavations des rochers, se protégeant du froid. Il est amené à l'église dans une cage et lâché durant l'office. L'auteur de sa capture reçoit une charge, c'est-à-dire des avantages souvent pécuniaires, ce qui fait de ce jeu un moment très suivi. C'est une tradition vivante à Entraigues, à Lagnes dans le Vaucluse et dans plusieurs communes des Bouches du Rhône.

Si ces Messes de Minuit et leur pastrage existent toujours dans toute la Provence, elles sont de plus en plus remplacées par des messes de Noël en fin d'après – midi ou bien en début de soirée, ce qui condamne toute cette expression folklorique et ces traditions.

De retour de la messe de minuit, l'enfant "le plus sage" a le privilège et la lourde tâche de mettre le petit Jésus à sa place, dans la crèche familiale. Et, selon un rite adopté récemment, on échange la Sainte Vierge enceinte par sa doublure, mais sans son ventre rebondi.

L'heure a sonné des fameux treize desserts.

LES TREIZE DESSERTS

"Un tas de friandises réservées pour ce jour – là, comme fougasses à l'huile, raisins secs, nougats d'amandes, pommes de paradis... ", disait Frédéric Mistral dans ses mémoires, en 1906.

La tradition des Treize Desserts marque les esprits de ceux qui découvrent Noël "à la provençale". Pourtant, c'est une pratique assez récente.

En 1925 paraît à Marseille, dans un bulletin de l'association *"Lou Cremascle"* qui regroupe des amoureux des traditions, un article relayé par le docteur Fallen d'Aubagne dans *"La Pignoto"*, autre bulletin édité à Toulon. On y suggère de remettre à l'honneur une vieille habitude rurale : aligner sur la table calendale une multitude de friandises, de douceurs faisant office de desserts. Jusque – là, personne ne parle du chiffre treize : on en met le plus possible, tout ce qu'on peut. Marcel Provence, dans une étude sur les traditions de la Haute Provence cite des listes avec 17 ou 19 desserts.

Il faut comprendre cette vieille tradition comme une sorte de défi lancé par la maîtresse de maison : faire le tour de la ferme et réunir un maximum de desserts. C'est un message donné à ses hôtes : montrer que pour traverser la période sans récolte, les réserves de nourriture sont abondantes. La plupart des fermes vivaient alors quasiment en autarcie. Il était donc obligatoire de mettre certaines productions de côté pour ces mauvais jours. Il suffit donc d'imaginer ce qui peut composer ces réserves pour imaginer une liste de desserts.

Lorsque l'article paraît, en 1925, les familles vivant en ville n'ont plus l'habitude de faire autant de réserves. Elles peuvent acheter au jour le jour. De plus, la ville fournit de nouvelles opportunités : les fruits exotiques débarqués aux ports de la Méditerranée, le chocolat et les pâtisseries qui emplissent les vitrines… L'article est donc venu rappeler les traditions rurales à ces populations souvent déracinées.

L'article rappelait aussi une autre tradition, venue plus spécialement du Comtat Venaissin, mais généralisée dans toute la Provence : celle des pains de Noël : sur la table de noël, on dispose un gros pain et douze petits pains.

C'est un rappel de la Cène avec Jésus et ses douze apôtres.

En plus de ce rappel religieux, le chiffre treize est symbolique : porte-bonheur ou porte-malheur, treize comme le soleil et les douze signes du zodiaque, treize comme l'année entière et ses 12 mois... C'est en mélangeant ces deux traditions, celle de l'abondance des desserts et celle des pains de Noël que l'on a arrêté ce chiffre 13. Ce qui a frappé les esprits !

Heureuse initiative ! Puisqu'un siècle plus tard, cette tradition est devenue synonyme de Noël Provençal.

Voilà comment est née et s'est fixé l'habitude de mettre 13 desserts sur la table, le soir de Noël. Pour des populations urbaines, cela représentait déjà un bel effort financier...

Alors allons – y ! Commençons par celui que l'on mettra en exergue : la pompe à l'huile du terroir marseillais, le gibassier du pays d'Arles, la fougasse pour le reste de la Provence et même la pogne lorsqu'on arrive aux abords de la Drôme.

Ces différentes variations autour du pain blanc brioché des jours de fêtes se distinguent à la fois par les terroirs qui les font naître et par leurs formes.

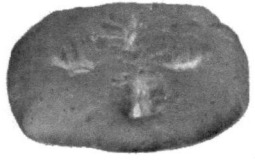

La pompe est ronde avec une croix au centre.

Le gibassier lui aussi est rond, avec une bosse qui pousse en son centre : il est « *gibous* » (bossu).

La fougasse a la forme d'un épi de blé, avec des alvéoles creuses.

Mais tous ont la même composition de base : c'est le pain blanc brioché de Noël. La farine la plus fine est pétrie à l'huile d'olive. On y ajoute de la fleur d'oranger et parfois de l'anis. C'est ce mélange subtil de ces parfums qui leur donne une saveur incomparable.

Cuit à domicile ou dans le four à pain communal, ce dessert est incontournable. Les catholiques l'identifient au pain de l'Eucharistie. Tout le monde s'en régale, surtout réchauffé le lendemain, trempé dans le café du matin… Longtemps, les boulangers offraient la fougasse ou la pompe à leurs clients les plus fidèles le jour de Noël.

Viennent ensuite les fruits secs. Quatre sont appelés "les mendiants", *li pachichoi* : noix, raisins secs, amandes et figues. Ils rappellent par leur couleur les robes de bure des ordres mendiants, Franciscains (figues sèches), Augustins (les noix ou les raisins secs) et Carmes ou les dominicains (amandes). Là encore, les sources divergent quant à l'attribution à tel ou tel ordre la couleur de sa robe de bure. Mais qui s'en souvient aujourd'hui ?

On peut y ajouter les abricots secs, les noisettes, les pruneaux et même les dattes livrées en quantité sur les ports de la Méditerranée en hiver : les anciens aimaient surprendre les enfants qui découvraient les dattes, en leur faisant voir le "o" gravé sur la tranche du noyau. Ils évoquaient le cri de surprise poussé par la Sainte Vierge en découvrant le petit Jésus ! Tout est bon, en cette période calendale, pour l'éducation religieuse des enfants.

Puis c'est le tour des fruits de saison : poire, pomme, raisin, melon. Fin octobre, on a suspendu quelques grappes de raisin, des dattiers ou des "gros verts", aux poutres du grenier ou de la cave. Pour le melon, on choisit le *"verdau"* vert ou jaune et pointu qui se conserve sous la paille. On peut ajouter l'orange (le vrai cadeau de noël !) ou la mandarine, même si elles ne font pas partie des réserves de la ferme.

Les préparations "maison" varient en fonction du terroir et du talent de la cuisinière. On trouve les deux nougats, le noir et le blanc. Les oreillettes (ou ganses dans le Var et à Nice) qui sont des beignets secs saupoudrés de sucre glace qui tiennent leur nom de leur forme. Autant de terroirs, autant de recettes et de présentations ! Et laissez les bugnes aux Lyonnais, s'il vous plaît…

On pense aussi aux confitures, aux pâtes de fruits, aux fruits confits, à la pâte d'amande. Les papillotes, les chocolats sont plus récents, mais bienvenus. Rajouter les spécialités locales comme les Calissons d'Aix ou les Berlingots de Carpentras…

En définitive, la liste n'est pas limitative. Chacun doit mettre ce qu'il veut, ce qu'il peut ou ce qu'il a, pourvu qu'il ait ce sentiment d'abondance qui est le sens profond de la tradition. Les listes publiées reprennent en partie ces desserts, mais n'engagent que leurs auteurs. Elles varient en fonction des terroirs.

Alors alignez vos desserts, treize ou bien plus si vous le pouvez, bien présentés et bien à la vue de tout le monde !

LE REPAS DES AMETO

Quand la famille se sépare, il est de tradition de laisser la table mise, avec tous ses restes. On rabat simplement les coins de la nappe supérieure vers le centre de la table, pour éviter que les mauvais esprits (qui sont partout) n'y grimpent pendant la nuit. Ces reliefs d'agapes sont destinés aux "*ameto*", l'âme de ceux qui ont quitté la famille, mais qui sont toujours présents quelque part ici, dans leur maison.

On s'étonnera peut – être que des pensées liées à la mort soient présentes dans la nuit de Noël. On les a déjà évoquées à propos des vœux offerts à la famille, au moment du "*cacho fiò*" et à propos de la place du pauvre. Elles sont dans la logique du thème principal déjà énoncé : la continuité de la vie et le renouvellement lié au solstice d'hiver. Disparaître pour mieux renaître.

Autre croyance sur ce thème : si la flamme d'une des chandelles se courbe toute la soirée dans le même sens en montrant obstinément l'un ou l'autre des convives, il y a de grandes chances qu'il ne soit pas à sa place au prochain Noël… Heureusement, ce n'est qu'une croyance populaire et elle ne se vérifie quasiment jamais !

LES AUTRES REPAS DE NOËL

Trois repas rythment donc la vie de la famille durant cette période : la veille, le jour et le lendemain de Noël. Autant d'occasions de faire la fête, dans l'abondance et dans la joie. Trois repas à l'ambiance et aux menus bien différents, qui mettent en valeur les produits et les ressources du moment.

Succédant au Gros souper du 24 décembre, le deuxième repas se déroule le 25 décembre à midi. C'est un repas joyeux et convivial, qui tranche avec la solennité du Gros Souper. C'est lui, le vrai repas de Noël.

Il réunit toute la grande famille dans le sens le plus large, comme les paysans provençaux l'entendent : père, mère, aïeux, enfants, proches parents mais aussi les employés, journaliers, bergers, métayers... Tous ceux qui jouent un rôle dans la bonne marche de la ferme ou du mas. La table leur est ouverte le jour de Noël. "*Nouvè eme li siéu*" : Noël avec les siens, dit le proverbe.

Là, il n'y a pas de menu particulier, sauf la dinde ou l'oie, truffées de préférence. *"Bien malheureux celui qui ne peut offrir une dinde à sa famille le jour de Noël"*, disait – on à Marseille. Des gens s'endettaient au Mont-De-Piété pour éviter cet affront.

Tradition venue du Comtat Venaissin, sur la table du 25 décembre on dispose un gros pain entouré de douze petits pains. Le symbole est double : Jésus et ses 12 apôtres, bien sûr, mais aussi *"l'an que vén"* (l'année qui vient) et ses douze mois. On l'a vu, c'est cette tradition qui est probablement à l'origine des treize desserts.

PAS DE NOËL SANS TRUFFES

À propos de la truffe, on ne saurait concevoir ces repas de Noël sans quelques « rabasses », les *tuber melanosporum*. Souvent baptisées truffes du Périgord, leur récolte provient pourtant en majorité de la Provence et de ses environs. Carpentras, Aups, Richerenche, Uzès sont les grands marchés de la truffe. Ils s'ouvrent traditionnellement après la Foire de la Saint Siffrein à Carpentras, le 27 novembre.

Avant que la société dite de consommation ne vienne perturber les équilibres commerciaux de nos marchés, la truffe était loin de représenter la valeur qu'on lui donne de nos jours.

Le marché actuel de ce champignon parfois baptisé « diamant noir » est déséquilibré en raison de la forte demande au moment des fêtes de fin d'année, ce qui explique l'envolée des prix pratiqués. D'autant que le mois de décembre n'est que le début de la récolte, bien plus abondante et de bien meilleure qualité dans les mois qui suivent, jusqu'en mars.

On parle bien ici de la Rabasse, la truffe noire ; pas de la truffe d'été qui se récolte à partir de juin, mais dont les qualités gustatives sont loin d'égaler sa rivale de l'hiver ! Ni de la truffe blanche des vallées du Piémont italien, récoltée dès l'automne, encore plus rare et plus chère.

Longtemps, la récolte de la truffe (le cavage) était sauvage, chaque famille avait le loisir de caver quelques truffes. Toutefois, on signale dans le Vaucluse un marché conséquent dès la fin du 19° siècle, grâce à l'agronome Joseph Talon de Saint Saturnin d'Apt, la plantation de chênes truffiers dans des terrains pauvres comme les contreforts du Mont Ventoux a permis l'industrialisation de la conserve du précieux champignon, notamment à Carpentras qui est sans conteste une des capitales de la Truffe.

En 1860, la récolte atteignait 400 tonnes par an sur le département de Vaucluse. La récolte actuelle se chiffre en dizaines de tonnes. Et on était loin de la valeur marchande qu'on leur accorde maintenant. Sans compter qu'une poignée de truffes bien odorantes suffisent largement au bonheur de la cuisinière et de ses hôtes pour la préparation de tous ses repas de Noël.

La présence de quelques truffes dans la maison ne peut passer inaperçue, tant le parfum de ces champignons sauvages est puissant. C'est assurément moins le cas de celles qui sont issues de la culture avec arrosages programmés et terrains modifiés chimiquement !

À propos de la divulgation de ce parfum, on pensera volontiers à ce bocal garni d'une douzaine d'œufs au milieu duquel on a mis trois ou quatre truffes. L'omelette préparée le lendemain sera truffée… Sans truffes !

À moins que vous ne souhaitiez, une fois dans votre vie, goûter le fameux « ragoût de truffe » à mode de Carpentras. Les proportions sont simples et faciles à retenir : deux kilos de truffes pour un kilo de pommes de terre.

Les marchés sont programmés tout l'hiver. Le plus pittoresque est celui de Richerenche, dans l'enclave des Papes : lors de la messe de la Saint Vincent au mois de janvier, on fête la truffe et les trufficulteurs : l'église se remplit du parfum enivrant de ce champignon. L'habitude est de remplacer l'offrande sonnante et trébuchante de la quête par quelques truffes bien parfumées.

Pour dénicher la truffe, une dizaine de centimètres sous terre, la truie ou le cochon ont depuis longtemps laissé leur place aux chiens de toutes races, spécialement dressés pour utiliser leur odorat.

On organise des concours de chiens truffiers.

SIXIÈME PARTIE :
DE NOËL À L'EPIPHANIE

Le 26 décembre : l'an nouveau

Dernier des trois repas de Noël, celui du 26 décembre est plus léger. On finit les restes des deux repas précédents, et souvent, c'est l'heure de "*l'aigo boulido*", littéralement l'eau bouillie. On fait bouillir de l'eau, avec du thym, de la sauge, quelques gousses d'ail, un filet d'huile d'olive et on sert ce "bouillon" sur des tranches de pain… Il s'agit de nettoyer les estomacs un peu trop pleins.

Cette réunion du 26 décembre est une vraie fête : c'est la *Sant Estève*, jour férié dans plusieurs villes de Provence. C'est le premier jour de la nouvelle année traditionnelle !

La visite des Crèches familiales

La période est propice aux échanges : le peu d'activités paysannes et l'euphorie née de la fête incitent les familles à s'inviter. Pour prolonger le temps des veillées et aussi pour visiter et faire visiter la crèche familiale.

Dès la fin d'après – midi du 25 décembre, les visites se font chez les voisins. Les enfants se font un malin plaisir à expliquer leur création de l'année en insistant sur les acquisitions de nouveaux personnages. Une soucoupe est parfois mise à disposition pour l'étrenne…

Des concours de crèches ont lieu dans plusieurs villes et villages de Provence.

La Saint Jean d'Hiver

Répondant au solstice d'été, la Saint Jean d'été le 24 juin, la Saint Jean d'hiver marque celui de l'hiver, le 27 décembre. À six mois (et quelques jours) près, la nuit la plus courte de l'année répond à la nuit la plus longue.

Jan e Jan
Les deux Saint Jean
Partagent l'an

Saint Jean le Baptiste (24 juin) répond à Saint Jean l'Évangéliste (le 27 décembre).

Des feux de Saint Jean marquent ces deux soirées magiques : la flamme, par sa lumière, est censée effacer les ténèbres. Un moment, l'homme peut se croire maître du jour et de la nuit…

Dans quelques villages de la Haute Provence, on avait inventé un jeu singulier : refaire à la Saint Jean d'hiver ce que l'on avait fait à celle d'été. Quand on sait qu'une de ces traditions était de verser des seaux d'eau sur les passants, la plaisanterie n'était pas forcément appréciée en cette période.

LA FÊTE DES FOUS

La Fête des Fous, ou des innocents s'étale sur trois jours, les 26, 27 et 28 décembre. Complètement oubliée de nos jours en Provence, elle fut longtemps un défouloir, un temps de plaisanteries comme l'est le 1° avril.

Des simulacres de contre – pouvoir étaient organisés dans les églises, de faux évêques dirigeaient des messes peu appréciées du clergé en place qui a tôt fait d'interdire cette manifestation au XVII° siècle.

Elle existe encore en Espagne et dans les pays de culture hispanique, et certaines traditions de Provence ont conservé l'esprit de cette mascarade, comme le Carnaval ou les charivaris.

L'allusion aux Saints Innocents (enfants massacrés par le Roi Hérode à Bethléem) vient de la concordance de la date (28 décembre) à laquelle se serait déroulé ce massacre, en rapport avec la naissance de Jésus.

On parle aussi localement de la Fête des ânes, célébrant l'âne biblique de la fuite en Égypte… Et aussi de Fête des Valets.

Saint Sylvestre et le Jour de l'an

Et c'est le tour de la Saint Sylvestre et du Jour de l'an. Nouvelles agapes, nouvelles occasions de réunir la famille les amis.

Il serait bien difficile aux Provençaux d'aujourd'hui d'ignorer le jour de l'an. Pourtant il n'entre pas dans l'histoire de ces traditions provençales, même s'il commence à dater : c'est en 1563 que le Roi Charles IX décida de faire débuter l'année huit jours après la fête de Noël. Sans compter la parenthèse du calendrier révolutionnaire.

Le réveillon de la Saint Sylvestre est depuis longtemps entré dans les mœurs. Il n'a rien d'exceptionnel ou de singulier en Provence, sinon le traditionnel bain de mer dans les stations balnéaires favorisées de la Côte d'Azur.

On distribue des étrennes, en mémoire de la Déesse romaine Strenia qui offrait ces jours – là des branches prélevées sur son bois sacré, censées protéger la santé de ceux qui les recevaient.

La croissance des jours s'accentue : on se souvient qu'à la Sainte Luce, les jours grandissent du saut d'une puce. Au jour de l'an, ils grandissent *"de la piado d'un can"*, de la taille de l'empreinte du pied d'un chien !

Quelques gestes, qui peuvent aussi bien s'appliquer au 26 décembre, marquent ce jour symbolique.

Les fontaines sont le centre d'attentions particulières : la première eau prélevée ce matin – là est réputée miraculeuse. Les femmes qui s'y précipitent apportent un cadeau qu'elles déposent sur le rebord de l'édifice. Chacune récupère l'offrande de celle qui l'a précédée…

Dans le même temps, les jeunes filles qui n'ont pas de galant déposent sur l'eau stagnante du lavoir deux épingles en croix. Si elles flottent, c'est que le bonheur n'est plus très loin. Et le premier galant qu'elles rencontrent pourrait bien être l'heureux élu…

On signale aussi quelques folies du côté du Comtat Venaissin (à Bédarrides) où la table du jour de l'an était garnie d'un coq, de douze perdreaux, de trente œufs et de trente truffes. Un coq pour représenter l'année, douze perdreaux pour les douze mois, trente œufs pour les trente jours du mois et trente truffes noires pour les trente nuits.

L'ÉPIPHANIE ET LES ROIS MAGES.

Les Rois Mages ont suivi l'étoile. Ils arrivent enfin devant la Crèche le 6 janvier, avec leur armée de négrillons, leur troupe bruyante et joyeuse, leurs chameaux et des cadeaux pour les enfants.

Il y a peu, L'Épiphanie était fêtée uniformément le 6 janvier. De nos jours, en France, elle est fixée au premier dimanche de janvier, sauf si le 1° est un dimanche. Mais la plupart des autres pays d'Europe ont gardé la date fixe du 6 janvier, qui reste férié. Et cette date n'est pas anodine : nous sommes au douzième jour après Noël. Le chiffre douze est encore un chiffre mythique : douze apôtres, douze mois et douze signes du zodiaque, deux fois douze heures dans la journée…

Fête de la lumière et du soleil retrouvé, L'Épiphanie annonce la visite des Rois Mages à la crèche… Un peu en retard *"à cause d'un chameau qui traînait la jambe"* disait Yvan Audouard ! Mais bien présents !

Dans la maisonnée, le premier qui se lève s'empresse de changer un peu l'ordre de la crèche, écartant les santons du premier rang pour y placer les trois Rois Mages et leurs cadeaux symboliques.

La tradition populaire leur a donné un nom (qui n'existe pas dans les Évangiles) et a fixé leurs attributs : Gaspard, jeune, sans barbe, a le teint cuivré des Orientaux. Il porte un encensoir d'argent d'où s'échappe l'encens. Melchior, présenté comme Roi de Perse, est un vieillard aux cheveux blancs qui porte une longue barbe et tend un coffre rempli d'or. Et Balthazar, le plus âgé, à la peau noire et le visage barbu. Il tient un flacon de cristal contenant la myrrhe, parfum délicat apporté d'Arabie.

Gaspard, Melchior et Balthazar : trois mages, astrologues savants et sages, qui arrivent d'horizons lointains bien différents, représentent le monde tel qu'il était connu au début de l'ère chrétienne.

Le cheminement des Rois Mages ne se cantonne pas à la crèche familiale. Un peu partout en Provence, à l'image de ce qui se passe tout autour de la Méditerranée chrétienne, des défilés traversent les villes avant d'être accueillis dans les lieux de culte, revêtus de tous leurs atours, accompagnés de leurs serviteurs et des ânes, des chevaux et même quelquefois de chameaux !

Comme ailleurs, la galette des rois (*lou riaume*) symbolise le soleil retrouvé. On la partage en famille et entre amis jusqu'à la fin du mois de janvier, en honorant celui ou celle qui trouve la fève. En Provence, on reste très partagé entre la frangipane à base d'amandes et la pogne aux fruits confits.

LA DISTRIBUTION DES CADEAUX

Nous l'avons vu, le Père Noël n'a pas droit de cité dans ces traditions provençales telles que nous les étudions, c'est-à-dire en milieu rural et avant la guerre de 39-45.

La remise des cadeaux aux enfants était l'œuvre des Rois Mages et n'intervenait que le 6 janvier ! Alors que leurs petits copains du Nord les avaient reçus le 6 décembre, pour la Saint Nicolas.

Les cadeaux reçus à l'époque étaient loin de représenter la débauche actuelle. Et ils étaient soumis à une évaluation du mérite de chacun, concrétisée par la remise "en public", telle que l'a décrite Frédéric Mistral dans ses Mémoires et Récits. Après avoir longtemps cherché le cortège des Rois Mages sur les différents chemins qui mènent au village, le rendez-vous était fixé sur la place, où les Rois remettaient à chacun des enfants présents le cadeau qu'ils avaient mérité, en présence du village rassemblé.

Imagine-t-on une telle "distribution des prix" de nos jours ?

La tradition des cadeaux apportés par les Rois Mages est toujours d'actualité dans plusieurs pays méditerranéens (Espagne et Italie).

LA MARCHE DES ROIS À AIX EN PROVENCE

Un des défilés les plus spectaculaires est sans conteste celui de la ville d'Aix en Provence qui se termine dans la Cathédrale Saint Sauveur. On attribue la création de cette cérémonie à l'abbé Supriès, organiste à Saint Sauveur dans les premières années du

XIXe siècle. Elle est donnée chaque année l'après – midi du dimanche qui suit L'Épiphanie.

Elle débute par la Pastorale de Charbonnier (1796 – 1871) sur des airs de noëls populaires de différents auteurs. Pour la "Marche des Rois" proprement dite, on fait appel à des personnages costumés figurant les rois, leur cortège et la sainte Famille.

L'air de la "Marche des Rois" est joué crescendo par l'orgue, puis l'orchestre et les groupes musicaux de la ville pour évoquer le cheminement et l'arrivée des rois. Après une marche triomphale, le *"Christus natus est"* accompagne l'adoration des mages. La musique reprend la Marche des Rois jouée decrescendo pendant que les rois quittent la crèche et s'en vont.

Cette manifestation est très suivie des Aixois, mobilisant les formations musicales de la ville, les tambourinaires, l'orphéon, les petits chanteurs et les grandes orgues.

À partir de ce jour de L'Épiphanie, les Pastorales jouées dans toute la Provence s'enrichissent d'un acte supplémentaire : celui qui célèbre l'arrivée des Rois Mages à la Crèche.

Et, selon la légende, le Roi Mage Balthazar serait à l'origine du village des Baux de Provence, dont le blason reprend l'étoile à 16 rais.

Comment voulez – vous que les Princes des Baux ne se sentent dépositaires d'une mission mystique, eux qui ont longtemps fait trembler les Comtes de Provence !

SEPTIÈME PARTIE : DE L'EPIPHANIE À LA CHANDELEUR

Le mois de Janvier

Passée l'Épiphanie, on pourrait croire que Noël n'est plus qu'un souvenir. Et nos habitudes modernes ont eu raison de ces traditions pour les remplacer par d'autres, dont le but est évidemment commercial : ce sont les "Soldes" et le "Blanc" que l'on voit fleurir sur les étals des supermarchés dès début du mois de décembre.

Ce mois de janvier est entièrement inclus dans la "quarantaine de Noël', temps compté du 25 décembre au 2 février.

C'est un temps religieux qui est associé, depuis 1372 à la Purification de la Bienheureuse Vierge Marie, autrement dit l'attente de ses relevailles.

Plusieurs fêtes locales ont lieu à la Saint Vincent ou à la Saint Marcel, comme celle des Tripettes de Barjols. Mais elles sont sans rapport avec notre thème de Noël.

Les Pastorales

Pas de Noël en Provence sans assister à la représentation d'une Pastorale. Tradition héritée des Mystères du moyen – âge, enrichie par l'imagination populaire, ce rendez-vous des dimanches de janvier garde vivant l'esprit de Noël, la langue et le patrimoine provençal.

Dès le jour de Noël passé (et en principe pas avant !) c'est le temps des Pastorales. À mi – chemin entre le théâtre et l'opérette, cette représentation populaire de la nuit de Noël dans un village de Provence est une vraie tradition bien vivante. Elle réunit chaque année des troupes de pastoraliers, comédiens – chanteurs amateurs, accompagnés par un petit orchestre et jouant pour un public très assidu.

La Pastorale est le prolongement naturel des "mystères" du moyen – âge. Mêlant le texte avec la musique, les chants, les mimiques, les décors et les costumes, la Pastorale raconte au travers de faits divers plus ou moins cocasses les péripéties du cheminement des villageois dans la nuit de Noël, enchaînant les

quiproquos et les anachronismes. Les petits miracles sont de mise et réjouissent les spectateurs toujours très nombreux. Bien sûr, la pastorale est jouée et chantée dans la langue du cru, le provençal, avec toutes ses variantes locales.

On devrait plutôt parler "des" pastorales, tant les textes (publiés ou non) sont nombreux dans les villages. On en a recensé plus de 200 ! L'imagination des auteurs et parfois des acteurs eux-mêmes, est mise à contribution. Comme à Séguret (Vaucluse) où le Noël des Bergers est un prélude à la messe de minuit, dans une petite église de deux cents places. Cette pastorale est vieille de plusieurs siècles, jouée chaque année par les gens du village qui créaient leur propre rôle.

Pour en citer quelques-unes, qui sont toujours jouées : L'oulo d'Arpian, La bello bugado, La Riboun, La Pastorale Audibert. Et celle du Père Xavier de Fourvièro : Lou Brès de l'enfant Jésus… Il y en a beaucoup d'autres, jouées localement.

Deux pastorales ont une place à part : celle d'Antoine Maurel et la Pastorale des santons de Provence d'Yvan Audouard.

* * *

Antoine Maurel était un artisan miroitier de la rue Nau, dans le quartier de la Plaine à Marseille. Il était d'un charisme remarquable : c'est à lui que l'on doit la toute première mutuelle. Il avait demandé à ses voisins d'alimenter une caisse commune destinée à soulager les malheurs de l'un ou l'autre des cotisants, le cas échéant. La Pastorale Maurel – on dit *"la Maurel"* – porte le titre de *"Mystère sur la naissance de l'enfant Jésus"*. Elle a été créée à La Plaine au noël 1842 par l'Œuvre de la Jeunesse catholique dirigée par l'abbé Jean – Baptiste Julien. La Plaine (Place Jean Jaurès et ses alentours) c'est un quartier de petits commerçants et d'artisans qui se connaissent tous et chacun y trouve sa place et son rôle. L'habitude aidant, le personnage joué colle à la peau de celui qui l'interprète. Une véritable osmose à double sens se fait entre la personne et son personnage : les pastoraliers sont à la ville comme ils paraissent sur la scène et inversement...

Le succès est tel qu'en 1844, on décide d'éditer la Pastorale, avec la musique et les chants ! Jusque – là, ces œuvres étaient essentiellement orales et locales. C'est bien évidemment une aubaine pour les communes en manque d'imagination et la Maurel se répand dans toute la Provence. Certains dimanches de janvier, on a compté plus de 50 représentations simultanées ! Beaucoup sont écrites en imitation de la Maurel, reprenant souvent les chants et les musiques inspirés de noëls traditionnels, en particulier ceux de Nicolas Saboly.

Les bergers réveillent les villageois

Une de ces musiques à une histoire : le *"veni d'oousi.*[9]*"*.

Le berger Flouret vient dire qu'il a entendu un chant merveilleux qui l'a ravi. L'écriture savante de ce chant tranche nettement avec la verve populaire des autres airs de la pastorale.

---

[9] *Je viens d'entendre...*

D'ailleurs les habitués de la pastorale – qui connaissent souvent mieux les rôles que ceux qui sont sur la scène et ne se gênent pas pour reprendre les acteurs en cas de défaillance – attendent le chanteur de service au tournant… Ce chant ne figurait pas dans les premières éditions. Il a été rajouté pour mettre en valeur Paul Solar, chanteur de l'Opéra de Marseille qui s'était installé dans la rue Nau et qui s'était lié d'amitié avec Antoine Maurel. En 1936, Tino Rossi a enregistré ce "*Veni d'oousi*" bien avant "petit papa Noël".

* * *

La Pastorale des santons de Provence est un célèbre & texte d'Yvan Audouard (1914 – 2003) paru en 1957, en conclusion d'un livre de contes provençaux : *"Ma Provence à moi"*. Le texte est écrit en français, ce qui distingue cette œuvre des autres pastorales. Elle est tout à fait conforme aux canons de la pastorale traditionnelle, les personnages étant tout simplement les santons eux – mêmes : la scène biblique, le Ravi, ceux venus tout droits de la Pastorale Maurel comme Roustido, Margarido et Pistachié, le tambourinaire Vincent et sa fiancée Mireille, le gendarme, le boumian, l'aveugle et son fils… Et les Rois Mages, qui viennent clôturer la visite à l'enfant nouveau – né.

La Pastorale d'Yvan Audouard a été enregistrée par la radio nationale en 1958 pour être diffusée le soir de Noël. Le succès fut tel que les auditeurs réclamèrent un disque. Celui – ci parut pour le Noël suivant, avec la musique et les chants de Paul Durand, de Sète. Ce disque fut dédicacé par Marcel Pagnol lui – même et couronné d'un Grand Prix du Disque par l'Académie Charles Cros. Des milliers d'exemplaires vendus dans tous les pays francophones ont fait connaître la Pastorale et les petits santons. Ce succès a grandement participé à la réputation du Noël provençal.

On joue traditionnellement les Pastorales pendant la Quarantaine de noël, entre le 25 décembre et le 2 février.

Le jeu de Loto

Rassemblement populaire dans les bars et salles communes des villages, le jeu de loto anime la période calendale. Des faisans, des dindes, des jambons, des gigots, des saucissons attendent les heureux vainqueurs d'un jeu populaire longtemps réservé au temps de Noël.

Pourquoi parler du loto dans les traditions calendales ? Ce jeu de société se pratiquait autrefois tout l'hiver, en famille ou à la veillée avec les voisins. Il n'a rien de provençal à la base et on le retrouve dans toutes les régions sous différents noms : la (ou le) quine, le (ou la) riffle... Les cartons portent 15 chiffres de 1 à 90, en trois lignes de 5. Le tirage au sort des boules, une à une, décide des chiffres que l'on peut marquer sur son carton. On gagne lorsqu'on a complété une ligne de 5 numéros (quine) ou deux lignes (double quine) et enfin tout le carton (carton plein).

Au début du XX° siècle, le loto est sorti du cercle familial pour gagner les salles communes. Les associations et groupements locaux espèrent quelques profits à l'organisation de ce rassemblement populaire.

Mais les choses ne sont pas si simples ! Le loto est un jeu onéreux basé sur le hasard, donc en contradiction avec la loi française. Seule une exception décrétée par les préfets a permis la poursuite de ces lotos dans les villages. Mais c'est une autorisation provisoire, limitée à trois semaines, avant ou après Noël selon une savante répartition géographique. Du moins, telle était la règle jusque dans les années 1970.

Organisés dans les cafés, les cercles, les salles des fêtes quelquefois reliés par des systèmes de phonie, certains lotos rassemblent des centaines de participants.

Là encore, les arrêtés préfectoraux précisent les lots autorisés : lots à vocation alimentaire (jambons, agneaux, paniers garnis…) d'une valeur limitée. Toutes ces réserves sont maintenant oubliées et la tolérance est de mise, tout au long de l'année. On joue au loto en toutes saisons pour espérer gagner des bons d'achat, du matériel électronique, une voiture ou même… Une maison comme ce fut le cas dans le Vaucluse vers 1970 !

Et on ne parle pas ici du loto national ! Les règles du loto traditionnel connaissent des adaptations locales, concernant par exemple les gagnants multiples sur un même numéro ou le déroulement des parties : quine, double quine, carton plein…

LES CHIFFRES DU LOTO ET LEURS SOBRIQUETS

Mais le plus intéressant – et c'est là que le loto se provençalise – ce sont les sobriquets que le tireur répète à l'envi à la sortie de certains numéros. Souvent en langue provençale, ces petits textes font référence à des événements connus des seuls joueurs locaux. On a même fait l'expérience d'un loto sans qu'aucun chiffre ne soit dit, chaque tirage étant l'objet d'un sobriquet normalement connu des participants !

Par exemple :
– Le 1 : Lou Pichot (le petit, le premier de mille, tout seul).

- Le 2 : Coume de mèu (comme du miel) du provençal : dous coume de mèu (doux comme le miel).
- Le 4 : la cadièro (la chaise, à cause du dessin du chiffre 4 qui fait penser à une chaise).
- Le 5 : la man (la main, qui a cinq doigts).
- Le 7 : la daio (la faux).
- Le 8 : Li dous cougourdo (les deux courges, mises l'une sur l'autre font le chiffre 8).
- Le 9 : Coume un ioù (neuf comme un oeuf, jeu de mot).
- Le 11 : Les jambes de ma soeur.
- Le 13 : le porte-bonheur.
- Le 16 : "per rampau" pour les Rameaux, on mange des pois chiches (*cese* se prononce comme seize).
- Le 20 : Sins'aigo (le vin... sans eau !)
- Le 22 : la maréchaussée...
- Le 33 : Docteur
- Le 44 : Caracaca ! Cocorico en français...
- Le 51 : le Pastis
- Le 69 : sens dessus dessous (allusions sexuelles)
- Le 70 : les sept tantes (en provençal : setante)
- Le 75 : les envahisseurs...
- Le 77 : li dous daio (les deux faux).
- Le 80 : "dans le coin", il est toujours dans la case la plus à droite.
- Le 88 : les jambes de belle – mère (voir au 11...).
- Le 89 : la mamé.

Et le 90 : lou papé.

Il y en a bien d'autres, faisant souvent référence à la vie locale.

La Chandeleur

Point final de la période calendale, la chandeleur célèbre la lumière du soleil retrouvé. Les saisons et leur cortège de travaux vont s'enchaîner, laissant peu de temps pour les loisirs jusqu'à la prochaine Sainte-Barbe…

La Chandeleur, symbolisée par les cierges *(candelorum)*, a remplacé au 5° siècle les Lupercales, fêtes païennes consacrées à la purification.

Nous arrivons au bout de ce cycle de Noël. La nature reprend ses droits. Les jours ont grandi de façon évidente, la terre se réchauffe et il est temps pour la Provence rurale de reprendre le chemin des champs et des cultures.

Attention, l'hiver est toujours là ! Souvenez – vous de l'année 1956. Le 6 février, après un mois de janvier particulièrement doux, la température a brusquement chuté de 25 degrés en une douzaine d'heures, sous un déluge de neige. Des masses d'air glacial venues de Sibérie ont envahi la vallée du Rhône, jusqu'à la Camargue. Dans la Provence intérieure, le thermomètre indique alors entre – 15 et – 20 degrés et ne repasse pas au – dessus de zéro pendant les 12 jours qui suivent. Le Rhône transporte de la glace et les rivières sont complètement prises… La nature a beaucoup souffert : vignes, oliviers gelés, platanes éventrés…

Dans un dicton, la sagesse populaire conseille d'ailleurs de se méfier d'une chandeleur trop clémente :

"À la chandeleur, l'ours sort de la tanière, fait trois sauts et s'il voit le soleil, il retourne se coucher pour 40 jours".

Ces conditions sont heureusement exceptionnelles. Dès le début du mois de février les amandiers fleurissent, il est temps de sortir les charrues, d'assouplir la terre, de semer, de finir de tailler les vignes, les arbres fruitiers, les oliviers… La trêve de la période calendale est terminée.

Plusieurs manifestations symboliques marquent cette sortie du cycle de Noël. À Marseille, c'est la montée vers l'abbaye Saint Victor pour assister à la messe de la Chandeleur et à la cérémonie des cierges verts : verts comme la nature qui reprend ses droits.

En passant, on fait l'acquisition de navettes, petits biscuits en forme de barques des pêcheurs. Ces navettes sont cuites dans un très ancien four à bois, le *"four à navette"*. Et il est constant d'en offrir au premier pauvre rencontré sur son chemin.

Dans les Sorgues, ces rivières à l'eau transparente nées de la résurgence de la Fontaine de Vaucluse, on va *"néguer li lume"* : noyer les lumières. On fabrique des petites barques avec des coquilles de noix remplies de coton et d'huile, en laissant dépasser une sorte de mèche. On y met le feu avant de laisser ces minuscules embarcations voguer au fil de l'eau. La cérémonie a lieu normalement les années paires. Comme pour beaucoup de fêtes, on a changé récemment cette date fixe, pour la déplacer vers Pâques, autre fête marquée par la lumière…

LA CRÈCHE BLANCHE

Ces premiers jours de février sont aussi ceux de la crèche blanche. Dès le premier février, la crèche est débarrassée des santons et des éléments du décor. On recouvre alors l'ensemble d'un drap blanc, d'où ce nom de crèche blanche. Il ne reste que quelques personnages bien identifiés : Marie avec l'enfant dans les bras, Joseph qui laisse s'échapper un couple de tourterelles, le prêtre, la prophétesse Anne habillée d'une cape sombre et le

prophète Siméon qui proclame l'enfant "lumière des nations". Ce sont de grandes figurines en cire ou en argile.

Après la messe du jour de la Chandeleur, l'assistance se rend devant la crèche au son des chants des enfants, l'officiant rappelle la cérémonie de la présentation de l'enfant Jésus à Dieu, son père, au temple de Jérusalem. C'est aussi la purification de Marie qui célèbre alors ses relevailles, 40 jours après la naissance selon la tradition juive. La crèche blanche restera exposée quelques jours avant d'être à son tour démontée.

Cette tradition concerne essentiellement les grandes crèches d'église. Elle n'a pas cours dans les crèches familiales. Elle est présente à Aix en Provence et dans plusieurs villages du Comtat Venaissin. À Valréas, à Grillon, à Puyméras, à Pernes les Fontaines... À Saint Saturnin Les Avignon, après une interruption dans les années cinquante, elle est de nouveau en vigueur depuis 2001. Les personnages en cire exposés à cette occasion sont très anciens, œuvres d'art confectionnées par les sœurs carmélites d'Avignon.

Avec le démontage des crèches, les santons retournent dans leur boîte en carton, bien enveloppés dans le papier de soie ou de journal. Ils dormiront pendant un an, en attendant sagement la prochaine Sainte-Barbe...

UN NOËL SANS BONDIEUSERIES

Au terme de ce voyage dans les traditions provençales du temps de Noël, une question d'actualité se pose.

Depuis quelques années, une vague de pseudo – laïcité surfant sur les moyens modernes de communication voudrait faire disparaître tous les symboles religieux exposés au public. La crèche est visée, présentée dans certains lieux publics comme les mairies ou les bâtiments administratifs. Les traditionnels concours de crèche organisés naguère dans les écoles marseillaises ont été supprimés. Ailleurs on casse les attributs religieux des Saint Nicolas en chocolat, la mitre et la crosse d'évêque, avant de les remettre aux enfants des écoles…

Au-delà de la simple intolérance, la question se pose du reniement de plus de mille ans d'histoire commune entre les religions et nos états. Est – il possible, est – il souhaitable de réécrire l'histoire sans référence aux religions, quelles qu'elles soient. Et qu'a-t'-on à y gagner ? Sans se perdre dans des discussions sans fin, on peut se poser la question : peut-on fêter Noël sans se référer à la religion ?

La première fois que ce piège m'a été tendu, c'était en Belgique. Invité à présenter ces traditions calendales dans une vingtaine d'écoles, au mois de décembre il y a quelques années. J'ai été mis en garde : pas de références au bon Dieu ni au petit Jésus dans vos interventions devant les élèves des écoles publiques !

J'ai dû me plier à ces recommandations, mais j'avoue que ce Noël déchristianisé n'avait pour moi aucun sens. Mes rapports à la religion sont pourtant plus bienveillants et amicaux que réguliers…

On peut bien sûr revenir aux origines, aux peurs ancestrales et primitives liées à la diminution des jours, à la joie qui accompagne la renaissance de la lumière. On peut garder le Blé de Sainte-Barbe et le sapin et ses boules rouges, on peut également imaginer une crèche républicaine, simple exercice artistique de représentation d'un village de Provence ou d'ailleurs. Et si la naissance d'un enfant est nécessaire pour donner un sens à la scène, il ne sera plus le fils de Dieu, mais un simple citoyen incarnant la vie qui se perpétue. On réveillonnera en faisant ripaille, narguant la nuit la plus longue de l'année et célébrant le retour des jours croissants. En attendant que de nouvelles agapes, huit jours plus tard, fêtent la dernière feuille arrachée au calendrier. On échangera quelques étrennes pour l'occasion. Mais on ne parlera pas ni de Père Noël ni de Saint Nicolas — qui sont un seul et même personnage — pas plus que des Rois Mages.

Il m'arrive de me demander si ce n'est pas ce qui nous attend lorsqu'on aura définitivement oublié le sens profond de toutes ces traditions. Puissent ces quelques lignes retarder un peu l'échéance !

HUITIÈME PARTIE :
QUELQUES CONTES POUR FINIR

La table de Noël [10]

C'était une ferme perdue au milieu des collines de la Haute Provence. Elle était loin de tout...

Dans cette ferme vivait une grande famille. Elle n'avait comme richesse que l'amour que chacun des membres de la famille donnait aux autres membres.

Le père faisait des travaux pour le Seigneur du village, à trois lieues de là : l'hiver, il fournissait du bois pour les grandes cheminées du château, dès le printemps et tout l'été des légumes qu'ils cultivaient dans son grand jardin, à l'automne des champignons et quelques gibiers au temps de la chasse...

En échange, le seigneur lui confiait cette grange et toutes ses dépendances... Les remises, les jardins, quelques arbres fruitiers : des amandiers, des pommiers, des poiriers, des cerisiers, des abricotiers... Quelques oliviers pour l'huile, quelques vignes pour le vin.

Et aussi des animaux : des poules, des pintades, un cochon, une vache, un mulet pour travailler la terre et transporter les récoltes... Des prés pour le foin des animaux, un morceau de forêt où il récoltait le bois pour se chauffer car l'hiver était rude dans ces vallées.

Et aussi une belle source qui coulait toute l'année.

De quoi vivre paisiblement sans avoir besoin d'acheter quoi que ce soit... À condition de ne pas oublier de faire des réserves lorsque la récolte était là, en prévision des longs mois d'hiver durant lesquels rien ne pousse...

---

[10] *Ces contes sont extraits du livre : "Les contes du Tambourinaire". Jean Coutarel - Editions B.O.D. 2017*

La famille était grande ! Le père et la mère et leurs huit enfants : 4 garçons et 4 filles qui avaient entre 4 et 16 ans. Plus les parents du père : le papé et la mamé. Cela faisait douze bouches à nourrir… Tous les jours. Toute l'année.

Cette année – là, à l'approche de Noël, la neige était tombée. Lourde, épaisse, elle avait recouvert tout le paysage ; puis le mistral s'était levé et avait balayé la neige, faisant des congères plus hautes que les haies de cyprès. Il gelait avec la bise, les chemins étaient glacés… Il n'était pas question de sortir de la maison.

– « Alors, nous ne fêterons pas Noël ? » s'inquiétèrent les plus grands…

– « Mais si » répondit le papé ! « Évidemment, on ne pourra pas rejoindre le village pour la messe de minuit, mais nous avons la crèche, comme d'habitude. Nous passerons la nuit de Noël ici, tous ensemble ».

– « Les grands, vous m'aiderez à mettre la table » dit la maman. « Et qu'elle soit jolie ! N'oubliez pas les trois nappes blanches, la jolie vaisselle et les assiettes de blé de Sainte-Barbe. Je vais faire douze petits pains, un pour chacun de nous… Papa sortira les trois chandeliers et des bougies toutes neuves, celles que le Seigneur nous a offertes à Pâques et que nous avons économisées ».

La mamé proposa :

– « Moi je sais ce qu'on pourrait faire. Chacun de nous pourrait faire un cadeau aux autres… »

– « Un cadeau, mais où le trouverons – nous ? » demanda l'aîné des garçons…

– « Ici, dans la maison… Nous aimons tous les friandises, les gâteaux, les desserts… Eh bien chacun de nous va choisir un dessert à partager avec chacun des autres : en prenant dans nos réserves, au cellier, à la cave ou au grenier, ou bien en le confectionnant avec ce qu'il pourra trouver… ».

– « Ça, c'est une bonne idée… » dit le papé. « On va déposer ces desserts sur la table de Noël, bien en vue ; mais défense d'y toucher avant minuit ! Est – ce que tout le monde pourra résister ?

– « Mais qu'est – ce qu'on peut prendre » demanda le plus petit…

– « Ce que vous voulez : des fruits, des confitures, des gâteaux. Ce que vous trouverez ici dans la maison, au grenier, à la cave ».

Alors, chacun partit à la recherche d'un dessert dans la maison. Il était convenu qu'il fallait s'entendre et qu'on ne pouvait pas prendre deux fois le même…

Et au milieu de la table mise pour le gros souper, on vit un à un s'aligner douze desserts : les plus petits avaient choisi les noix, les noisettes, les amandes et les figues. Les grands avaient déniché des pommes, des poires, des abricots secs et des pâtes de coing. La maman avait fait des oreillettes bien fines, recouvertes d'une bonne couche de sucre. La mamé avait fait du nougat avec du miel et des amandes. Le grand-père est allé chercher un beau melon pointu que l'on conservait enfoui sous la paille, dans la cave. Et le père était monté sur une chaise pour attraper les grappes de raisin frais qui étaient pendues à la grosse poutre, dans le grenier…

Et le soir, il y avait bien douze desserts qui leur faisaient linguette, au milieu de la table…

* * *

Et ce fut l'heure de mettre la grosse bûche d'abricotier dans la cheminée, *le cacho fio*. Elle devait brûler pendant trois jours… Le plus vieux et le plus jeune la portaient fièrement, en faisant trois fois le tour de la table.

On allait tous se mettre à table, quand on frappa à la porte...

– Qui peut bien venir ici, par un temps pareil... Ouvre vite !

C'était un vieux monsieur, barbu, avec une grosse cape et une sacoche de cuir en bandoulière.

– Pardon de vous déranger en ce soir de Noël, mais je me suis égaré dans cette campagne que je ne connais pas. J'ai vu la fumée sortir de votre cheminée, alors je me suis permis d'approcher...

– Entrez vite, mon brave ! Nous allions justement nous mettre à table... Asseyez – vous. Les enfants, mettez – lui vite un couvert. Il va partager notre repas de Noël !

– Oh ! Merci beaucoup ! Vous me faites un bien grand honneur !

Qui était – il ? D'où venait – il ? Personne n'avait osé lui poser la question. Le simple bonheur de partager ce repas de Noël avec lui suffisait à leur joie...

* * *

– Mais que font toutes ces bonnes choses, ces friandises, étalées sur la table ?

La maman lui expliqua le petit jeu auquel ils s'étaient tous livrés...

– Alors, il faut que j'y rajoute le mien...

Il sortit de sa besace de cuir une espèce de grosse brioche dorée toute ronde, marquée d'une croix...

– C'est une pompe ! Elle est parfumée à l'huile d'olive et à la fleur d'oranger. Un boulanger me l'a offerte. Il m'a expliqué qu'on donnait une forme particulière au pain blanc brioché de Noël. Dans les autres terroirs de la Provence, on l'appelle aussi fougasse ou gibassier... Tenez, je la pose là, au milieu de la table, avec tous vos desserts...

Puis il sortit aussi de sa besace une grosse miche de pain, en disant : – C'est le pain que j'avais prévu de manger ce soir… Il est bien normal que nous le partagions…

Le papé fit remarquer qu'il y avait maintenant 13 desserts sur table ! Et aussi 13 pains, un gros et 12 petits. Et qu'ils étaient 13 à table… Que, si certains y voyaient un mauvais présage, d'autres pensaient que cela portait bonheur… Que cela rappelait la Sainte Cène, avec Jésus et ses 12 apôtres.

– Mais aussi l'année entière avec ses douze mois… Et l'univers : le soleil et les douze signes du zodiaque, rajouta le vieil homme…

Et c'est vrai qu'il connaissait plein de choses et d'histoires. Il raconta qu'il avait beaucoup voyagé et que, partout où il était passé, on lui avait appris quelque chose. Il gardait tout cela dans sa tête, mais il n'avait pas souvent l'occasion de le raconter à son tour, car il ne rencontrait pas grand monde pour l'écouter. Et il en était malheureux ! Il connaissait aussi de vieilles chansons qu'on chantait autrefois, au temps de Noël… Et ce fut un vrai bonheur d'en écouter quelques – unes.

Le repas leur parut très court… Quand les douze coups de minuit s'égrenèrent à la vieille horloge, le plus jeune mit délicatement le petit jésus à sa place, au beau milieu de la crèche. Puis le papé lança son traditionnel : *« Allègre, Allègre, Vivo l'an que vèn ! Se sian pas mai, que sieguen pas mens… »*.

Alors, chacun attrapa un peu des 13 desserts. Ce n'était que rires et larmes de joie. Les trois bougies faisaient danser les ombres sur les murs et illuminaient les visages radieux.

Alors le vieil homme se leva, et dit :

– Maintenant, je vais devoir partir…

– En pleine nuit ! Mais non. Vous allez coucher ici ! Nous n'avons pas de lit à vous offrir, mais vous pouvez coucher dans la fenière, sur la paille… Au milieu des bêtes, vous n'aurez pas froid !

– J'accepte volontiers votre hospitalité et votre gentillesse ! Je vais vous remercier, braves gens ! Demain matin, je partirai de bonne heure et quand vous vous lèverez, je ne serai plus là… Mais ce soir, je veux faire quelque chose pour vous… Faites – moi passer une assiette de ce joli blé de Sainte-Barbe.

Il prit les tiges vertes dans sa main, il les laissa glisser entre ses doigts et quand il reposa l'assiette, les tiges de blé s'étaient mises à briller de mille feux, à la lumière des bougies !

– Voilà ! Maintenant, elles sont en or ! En or massif ! Vous les cueillerez, l'une après l'autre, vous irez les vendre à un orfèvre et il vous donnera assez d'argent pour être tranquilles jusqu'à la fin de vos jours…

Tous étaient figés de stupéfaction… Aucun mot ne sortait de leurs bouches…

Le vieux monsieur barbu prit sa besace, il mit sa grosse cape sur ses épaules et avant d'ouvrir la porte, il leur lança :

« Soyez heureux ! Vous êtes de braves gens ! Joyeux Noël à vous tous ! »

* * *

On n'a jamais su qui il était… On ne l'a jamais revu…

Mais depuis, chaque année à Noël, en Provence, personne n'oublie de poser sur la table de Noël le Blé de Saint Barbe, le gros pain et les douze petits pains, les trois chandelles et les trois nappes blanches… Tout le monde aligne les treize desserts, et surtout, surtout…

… Surtout, on n'oublie pas d'ajouter un couvert de plus, en espérant qu'il revienne !

L'ÉTOILE

Cette année-là, la récolte avait été bonne. À la fin du mois de novembre, toute la famille était allée en visite à l'antique foire de la Saint Siffrein de Carpentras. C'est de retour à la ferme, alors qu'il faisait nuit, qu'on eut une énorme surprise : dans le coffre de la voiture, il y avait un grand carton. On l'a sorti du coffre… On l'a ouvert et dedans…

Dedans, il y avait un poste de télévision ! Un gros poste en bois, comme on les faisait autrefois, avec son énorme tube cathodique. Depuis quelques mois, il y avait tout en haut du Mont Ventoux une grande tour. C'était un émetteur, nous avait-on dit. Il se trouvait juste en face de chez nous.

Dès le lendemain matin, le père prit une échelle et il monta sur le toit de la maison. Ensuite, il fixa l'antenne contre la cheminée comme le marchand lui avait expliqué.

Le plus compliqué, ce fut d'étirer le long fil blanc qu'il fallait relier au poste depuis l'antenne. Il souleva une tuile, puis se faufila dans le grenier pour le faire descendre. Il ne restait plus qu'à le clouer tout au long de l'escalier qui descendait jusqu'à la salle à manger.

Toute une matinée d'efforts pour qu'enfin, le père montre le bout du fil dans sa main, et dise :

– Bon, alors, maintenant, il faut voir où on l'installe, le poste de télévision ?

– Là, sur la commode… Il y a une prise d'électricité juste derrière. Il sera bien…

– Tu as raison. C'est la meilleure place.

– Ah ! Non ! Pas là, a crié le grand-père depuis son fauteuil.

– Mais pourquoi, Papé ? Si on le met là, tout le monde le verra ! On pourra même regarder la télévision en mangeant.

– Je vous dis qu'il ne faut pas le mettre là !

– Ne te mêle pas de ça, Papé.

Et on installa la télé sur la commode.

Le soir même, la télévision était en marche : quel plaisir de regarder ce nouvel objet magique, ces images qui arrivaient de partout jusque dans notre maison. Elles étaient en noir et blanc, mais nous, on les voyait en couleur !

Le grand-père, dans son fauteuil, détournait son regard. Il montrait ostensiblement son désaccord, mais il ne donnait pas d'explication. Il ne fallait pas la mettre là. Un point c'est tout.

Quelques jours plus tard, c'était le jour de Sainte-Barbe, le 4 décembre. C'est le jour du début des traditions calendales, le Noël provençal. Ce jour-là, chaque année, on sème des grains de blé dans trois assiettes. Ce Blé de Sainte-Barbe fera un décor de verdure, sur la table de Noël et dans la crèche.

C'est aussi le jour où dans les maisons, on commence à construire la crèche.

Dans les vieilles familles provençales, la crèche constitue un héritage. Chaque génération y apporte quelques éléments supplémentaires. Au début, il y a l'étable, construite de bois, de cartons, de papier. Puis on ajoute des maisons. Et un puits, un pont que l'on installe sur une rivière faite du papier brillant du chocolat. Et aussi un moulin, avec ses grandes ailes...

Alors pour installer la crèche, on est allé chercher au grenier la grande étable enveloppée dans du papier journal. Papa l'avait bien serrée entre ses bras. Il s'est approché de la commode pour la mettre à sa place... Mais quand il a voulu la poser... Oh la la ! Sa place était prise... C'est là qu'on avait mis le poste de télévision !

Il faut dire qu'un endroit particulier est réservé dans nos maisons de Provence pour y installer chaque année la crèche de Noël. De génération en génération, on l'installe toujours à la même place.

— Vous voyez, a dit le grand-père, j'avais raison... Je vous avais bien dit qu'il ne fallait pas la mettre là, votre télévision.

— Bah, ça ne fait rien, papé, on va la changer de place...

— Non ! Une crèche, ce n'est pas bien de la changer de place ! Ça va nous porter malheur. Le petit Jésus ne sera pas content !

– Mais non ! Tu te fais du souci pour rien. Regarde, si on la mettait là, juste à côté de la fenêtre ? Elle serait bien, non ? Elle serait dans la lumière.

– Faites comme vous voulez ! Ici, il y a bien longtemps que je n'ai plus droit à la parole !

On a installé l'étable de la crèche sous la fenêtre, sur une caisse de bois qu'on a recouverte avec du papier imitant le rocher. Puis on est monté dans la colline devant chez nous, chercher de la mousse bien verte, des brindilles et des branches de thym qui feraient de jolis arbres. On a ramassé du sable, quelques poignées de cailloux et de graviers, pour faire les chemins et la place du village, devant l'étable.

Il fallut une bonne journée pour tout installer : le petit pont sur la rivière, les cyprès en branches de thym, le moulin et le puits… Tout ce décor qui nous est si familier et qu'on retrouve chaque année avec une joie renouvelée. On a étalé au fond, le ciel immense en papier bleu avec ses étoiles…

Mais, quand on a sorti les petits santons du papier journal dans lequel on les avait emmaillotés pour passer l'été, on les a trouvés tout drôles. Ils avaient mauvaise mine, ils semblaient tristes. On ne les reconnaissait plus.

– Je vous l'avais bien dit, s'est insurgé le Grand-Père, en ronchonnant… Allez, toi, va me chercher une paire de ciseaux, une punaise, un morceau de carton et un peu du papier du chocolat.

Et, avec ses gros doigts, il a pris les ciseaux ; dans le carton, il a découpé une étoile à sept branches. « Comme celle des Félibres » m'a-t-il dit. Et il l'a recouverte avec le papier du chocolat. Puis il a rajouté une grande queue brillante, en tirant de fines lanières dans la feuille d'aluminium. Puis il m'a dit :

– Allez, monte sur une chaise et va l'accrocher au-dessus de la crèche !

J'ai attrapé la chaise, je suis monté dessus et avec la punaise, j'ai fixé l'étoile au plafond, avec sa queue brillante, juste au-dessus de la crèche.

Alors, tous les petits santons ont relevé la tête, ils ont regardé l'étoile et ils se sont mis en route, doucement, marchant vers la crèche ! En rigolant comme des fadas…

Ils avaient retrouvé leur chemin…

Le Père Noël et les Rois mages

Un jour de décembre, dans son grand domaine, là-bas dans la forêt de Laponie, le Père Noël faisait le point sur toutes les missions qui l'attendaient pour son traditionnel rendez-vous annuel avec les enfants du monde entier.

Dans son immense bureau, des centaines de registres recouverts de cuir remplissaient les étagères. Tous les enfants qui espéraient sa visite dans la nuit du 25 décembre y étaient inscrits, avec leur adresse. Ils étaient classés par pays, puis par régions, et enfin par villes et villages.

Il attrapa un de ses grands registres. Il l'ouvrit au hasard et… Ô surprise ! La page était vierge ! Pas un seul nom d'enfant n'y figurait. C'était celle du village de Pampérigouste, en Provence !

– Mais que se passe-t-il ? Pas un seul enfant sage dans tout ce village ? Je veux en avoir le cœur net !

Alors le Père Noël chercha sur sa grande carte du monde le petit village de Pampérigouste, il attela les rennes et fit en un clin d'œil le voyage vers la Provence. Il avait pris soin de quitter sa houppelande rouge, son bonnet, son ceinturon et ses bottes. Il avait l'air d'un vieillard très ordinaire.

Il laissa son traîneau et ses rennes dans un champ et s'avança dans les rues du village. En arrivant sur la grande place, il fut tout surpris de voir des enfants de tous les âges qui s'amusaient gentiment en riant. Ils étaient plus de vingt ! Ils se donnaient la main et faisaient une farandole.

– Ils ont l'air bien sages, ces enfants ! Comment se fait-il qu'ils ne soient pas inscrits sur mon registre, pensa-t-il.

Une petite fille assise sur un banc lisait un joli livre en silence. Le Père Noël s'approcha d'elle.

– Bonjour, Mademoiselle !

– Bonjour, Monsieur ! Comme vous ressemblez à mon grand-père !

– Ah bon ! C'est vrai que je ne suis plus tout jeune. Dis-moi, tu m'as l'air bien sage…

– Oh oui, Monsieur ! Moi, je suis très sage.
– Alors, dis-moi : le Père Noël doit bien te gâter…
– Le quoi ?
– Le Père Noël ! Tu ne connais pas le Père Noël ?
– Oh si ! Je le connais bien, le père Noël : c'est notre cantonnier ! Mais il ne me fait jamais de cadeau… C'est lui que vous cherchez ?
– Mais non ! Je ne te parle pas du cantonnier, je parle du vrai Père Noël : celui qui apporte des jouets aux enfants sages le 24 décembre, la nuit, pendant qu'ils dorment…
– Jamais entendu parler ! Celui-là, je ne le connais pas. Ici, à Noël, nous faisons la crèche, nous faisons des grands repas en famille, mais on ne fait pas de cadeaux… Nous fêtons Noël avec nos amis… Pour les cadeaux, nous attendons que les Rois Mages nous les apportent !
– Comment tu dis ? Les Rois Mages ?
– Oui ! Ils vont venir ici, sur la place, pour distribuer plein de cadeaux à tous les enfants… Et après, ils iront dans l'église !

Le Père Noël se demandait qui étaient ces Rois Mages dont il n'avait jamais entendu parler et qui lui faisaient concurrence… Peut-être étaient-ils déjà dans l'église ? Elle était là, tout près, au bout de la place. Il traversa, se présenta devant l'édifice, grimpa les trois marches et pénétra sans bruit à l'intérieur du lieu sacré.

Un homme tout habillé de noir s'approcha de lui :
– Bonjour, Grand-père ? Que puis-je faire pour vous être agréable ?
– Bonjour, Monsieur. Est-ce que vous connaissez des gens qu'on appelle les Rois Mages…
– Vous venez bien trop tôt ! Ils n'arriveront que le 6 janvier pour distribuer des cadeaux aux enfants et pour saluer le petit Jésus. Oh ! Vous, vous n'êtes pas d'ici…
– Non, je viens de très loin et j'avoue que je ne connais rien à cette histoire de Rois Mages.

Le brave curé était loin de se douter que ce vieillard, là devant lui, c'était le Père Noël ! Il lui prit le bras et l'amena vers une des chapelles : celle où s'étalait la grande crèche du village de Pampérigouste.

Le Père Noël resta bouche bée.

– Que c'est beau, ce village, avec tous les habitants qui ont mis leurs costumes du dimanche !

– On les appelle les « *santons* ». Ils sont à l'image des villageois. La nuit de Noël, ils viennent saluer l'enfant Jésus qui vient de naître. Ils lui offrent quelque chose qui leur ressemble : le boulanger lui offre du pain, les jardiniers des légumes, le berger un agneau… Des choses toutes simples…

Le Père Noël ne put s'empêcher de dire tout haut :

– Mais alors, ils ne sont pas chez eux quand le Père Noël distribue les cadeaux !

– Le Père Noël ? Je ne sais pas de qui vous me parlez… Ici, nous n'avons qu'un paroissien qui se prénomme Noël : c'est notre cantonnier. Et il n'a jamais fait de cadeau à personne… Mais venez voir, vos Rois Mages… Ils sont là !

Le brave curé montrait au Père Noël l'harmonium où les trois santons étaient posés, à l'écart, attendant sagement le 6 janvier pour venir à leur tour devant la crèche.

– Vous les voyez, vos Rois Mages. Ils sont à l'image des personnages vivants qui viendront nous rendre visite en cortège, comme chaque année, le jour de L'Épiphanie. Ils distribueront leurs cadeaux aux enfants, devant tout le monde ! Ils sont fiers de récompenser les enfants sages… Et après, tout le village prendra place dans l'église, en se serrant bien les uns contre les autres pour ne pas avoir froid. Pensez ! Le 6 janvier ! Alors, le cortège majestueux des Rois Mages traversera toute l'église et ils viendront s'incliner devant le petit Jésus. Si vous saviez comme c'est beau ! Ils déposeront l'or, l'encens et la myrrhe, comme ils le font depuis toujours…

Le Père Noël n'en croyait ni ses yeux ni ses oreilles. Il regagna en toute hâte son traîneau et ses rennes pour rentrer au plus vite dans son lointain pays de neige.

En cherchant dans ses livres et ses vieux grimoires ce qu'on disait de ce Petit Jésus, de ces Rois Mages, des santons et de la crèche, il découvrit toute l'histoire de cette merveilleuse nuit de Noël, telle qu'on la célébrait chaque année dans presque tous les pays du monde, chacun à sa façon ! Mais il ne comprenait pas bien ce qu'il venait faire, lui, au milieu de toutes ces traditions.

Il connaissait bien le Grand Saint-Nicolas. Il savait que ce vieillard passait distribuer ses cadeaux dès le 6 décembre dans plusieurs régions de l'Europe du Nord avec son âne et son compagnon : le Père Fouettard ! Il était bien content de trouver un peu d'aide pour accomplir sa lourde tâche.

Il savait aussi que les peuples qui étaient partis autrefois de ces pays du Nord vers le Nouveau Monde, de l'autre côté de l'océan, avaient emporté avec eux Saint-Nicolas, rebaptisé *Santa Claus*… Lui, c'était son ancêtre officiel.

Mais les Rois Mages ? Pourtant, en cherchant bien, il découvrit que plusieurs pays autour de la mer Méditerranée connaissaient cette vieille tradition de l'Épiphanie…

Poussé par la curiosité, le Père Noël attendit le 6 janvier pour retourner à Pampérigouste, toujours sans son costume traditionnel, en simple vieillard. Là, il assista à la venue des Rois Mages, à leur cortège magnifique et à la grande distribution des cadeaux. Les Rois s'avançaient tour à tour vers les enfants. Ils s'inclinaient et tendaient leurs bras chargés de paquets enrubannés que les enfants prenaient délicatement, en les remerciant. Les visages des enfants s'illuminaient de joie ! Leurs yeux pétillaient de bonheur ! Leurs sourires éclairaient le monde.

Le Père Noël regardait ces visages réjouis avec émotion. Il regrettait de ne pas avoir cette chance, lui, de voir le bonheur des enfants quand ils ouvraient leurs cadeaux ! Lui se contentait de les déposer furtivement, au pied du sapin ou au bord de la cheminée, mais il n'assistait jamais à ces moments si tendres et si émouvants…

Quand la distribution fut faite, il suivit les villageois dans l'église et prit place sur un banc, au bord de l'allée centrale. Le prêtre, en grande tenue du dimanche, s'adressa à la foule d'une voix forte et joyeuse :

– Accueillons maintenant Melchior, Gaspard et Balthazar ! Les Rois Mages !

Alors, une grande musique retentit et ils entrèrent en cortège. Ils tendaient les bras pour bien montrer leurs offrandes : l'un portait un encensoir d'où s'élevait la fumée odorante de l'encens. L'autre portait un flacon de cristal qui laissait s'échapper un parfum subtil, la myrrhe. Et le troisième, un coffret de cuir : le couvercle était rabattu, laissant voir des pièces d'or et des pierres précieuses qui brillaient de mille feux.

Leurs costumes étaient magnifiques ! Ils avançaient d'un pas lent dans l'allée centrale quand soudain, leur cortège se figea ! Ils étaient juste à la hauteur du Père Noël. Ils se tournèrent vers lui et lui tendirent la main :

– Lève-toi, viens avec nous, dit Gaspard ! Nous savons bien qui tu es...

Et ce ne sont pas trois, mais quatre personnages qui se présentèrent devant la crèche. Alors, Melchior, le plus vieux des Rois se retourna vers l'assistance et il prit la parole.

– Mesdames, Messieurs, chers habitants de Pampérigouste, aujourd'hui est un grand jour ! Je vous présente le quatrième Roi Mage ! Enfin, nous sommes réunis ! Quand nos lointains ancêtres ont suivi l'étoile, il y a deux mille ans, ils venaient de tous les coins de la Terre : Toi, Balthazar, tu venais d'Arabie. Toi, Gaspard, tu es venu des Indes et moi de Perse. Mais un autre Roi Mage nommé Artaban de Médée était parti du nord de l'Europe pour nous rejoindre. Malheureusement, son parcours au travers du vieux continent était semé d'embûches, les Romains lui barrèrent le passage à plusieurs reprises et il a subi beaucoup d'épreuves... Il a mis plus de 33 ans à rejoindre la Judée. Et quand, enfin, il a rencontré le Roi des Rois, le pauvre Jésus était sur le chemin du Golgotha, portant sa croix.. Écrasé de douleur, Jésus a jeté un regard à ce vieil homme et l'a tout de suite identifié. Il lui a pardonné son retard et lui a demandé de se consacrer pour toujours au bonheur de tous les enfants, en leur distribuant chaque année des jouets, le jour anniversaire de sa naissance. Voilà comment ce quatrième Roi Mage est devenu le Père Noël. Et cet homme que vous avez tous croisé aujourd'hui, c'est bien lui : le Père Noël !

Les gens étaient stupéfaits ! Ils avaient conscience d'assister à un moment exceptionnel. Certains avaient la sensation d'avoir entendu parler de ce personnage, mais il n'avait jamais eu droit de cité dans ce village de Provence...

Alors, le Père Noël prit à son tour la parole.

– Oui, je suis bien le Père Noël... Celui que tant d'enfants dans le monde entier attendent chaque année, le soir du 24 décembre. Avec mon ancêtre, le Grand Saint-Nicolas et avec vous, les Rois Mages, nous nous partageons donc ce privilège de faire le bonheur de tous les enfants du monde au temps de Noël.

Ici, à Pampérigouste, petit village de Provence, vous ne me connaissiez pas. Maintenant, c'est fait. Alors, laissez-moi vous transmettre mon message : soyez fiers de vos traditions ! De celles de vos ancêtres ! Vous n'avez pas besoin de jalouser celles des autres... Moi, j'ai pris grand plaisir à rencontrer vos Rois Mages. Je leur souhaite longue vie. Une vie éternelle ! Et à vous aussi...

Et le Père Noël mit une main dans sa poche, se tourna vers la crèche et balança d'un grand geste large une poignée d'étoiles brillantes qui se fixèrent sur le ciel en papier bleu de la crèche de Pampérigouste.

Elles s'y sont accrochées pour toujours...

Alfred la Lièvre

Je ne sais pas si vous connaissez la Camargue… C'est une région secrète. Une région où il faut savoir sortir des routes goudronnées. Seuls de mauvais chemins vous emmèneront jusqu'à ces grands espaces, des terres incertaines mélange de boue, d'eau, de sel, de tamaris et de sansouïre. Quelques herbes rares, balayées par le mistral…

Yvan Audouard disait : *"en Camargue, tu montes sur une chaise, de là, tu vois tout…"*
Tout autour de l'étang du Vaccarès, à perte de vue, la plaine s'étire dans un triangle de quarante kilomètres de côté : c'est le delta du Rhône.

Dans cette Camargue, il y a un mas, une grande ferme. Et dans ce mas, il y a un chien. On l'appelle *Bramaïre* : celui qui gueule, celui qui brame. C'est un chien de race, un chien de chasse.

Quelque part autour de la ferme, dans la plaine, il y a une lièvre, un beau mâle. Pourquoi « *une* » lièvre ? Parce que chez nous, en provençal, *uno lèbro*, c'est féminin. Alors, en français de Provence, on préfère dire « *une lièvre* ».

Et c'est une belle bête : elle doit peser dans les sept à huit livres. Elle a environ trois ans, le même âge que le chien. Ils se connaissent, tous les deux. Mais jusqu'à maintenant, les chasseurs n'ont pas voulu lever leur fusil contre la lièvre ! Non, non, non… Ils ont préféré attendre qu'elle grossisse. Mais cette année-là, à quelques jours de Noël, les chasseurs se sont dit : cette année, Alfred la lièvre…

Ah oui ! Je ne vous l'ai pas encore dit : la lièvre, on lui a donné un nom… On l'appelle Alfred…

Donc, les chasseurs ont décidé qu'Alfred serait sur leur table, le soir de Noël.

Alors, ils ont bien nettoyé leurs fusils, ils ont préparé leurs cartouches, ils ont bien astiqué leurs cartouchières et rempli leurs gibecières de victuailles pour le repas de midi… Et, de bon matin, ils sont passés devant la niche du chien :

– Allez, viens, Bramaïre. On va chercher Alfred.
Mais, le chien était au fond de sa niche et il ne bougeait pas.
– Et bien, qu'est-ce qui se passe ? Tu es malade ? Tu ne veux pas sortir ? C'est pas grave. On se passera de toi !
Et les chasseurs sont partis. Ils ont marché toute la journée. Mais… La lièvre, ils ne l'ont pas trouvée ! Et non ! Parce qu'en hiver, les lièvres se mettent dans un trou et ils ne bougent pas…
– Sans le chien, évidemment, on ne peut pas la trouver… Lui, il a son flair… On y retournera demain !
Et le lendemain, ils ont repris leurs cartouchières, ils ont repris leurs fusils, leurs cartouches, ils ont remis leurs beaux costumes de chasseurs et ils sont à nouveau passés devant la niche…
– Allez, Bramaïre ! Viens avec nous… On va bien la trouver, cette lièvre !
Mais le chien était toujours au fond de sa niche et il ne voulait pas bouger.
C'est qu'il avait bien réfléchi.
Il savait bien, lui, qu'Alfred était dans un trou, qu'il ne bougeait pas d'un poil et que même s'il passait juste à côté de lui, il ne pourrait pas le localiser. Tant qu'il ne bouge pas, son odeur ne se diffuse pas. Il faut attendre que la lièvre bouge.
Or, en Camargue, les soirs d'hiver, quand la fumée des cheminées monte tout droit dans le ciel, on dit que le temps est droit : pas un poil de vent, rien !
Et bien, quand le temps est bien droit, au moment où le soleil se couche, il y a comme un tourbillon de vent qui se lève. Juste un petit tour, comme ça… On l'appelle « *lou seren* » : le vent du soir. On dirait qu'il vient saluer le soleil avant que l'astre roi ne disparaisse.
Bramaïre, il avait son idée. Il s'est dit :
– Au fond de son trou, Alfred ne bougera pas. Sauf peut-être le soir de Noël. Là, il va se dire qu'il ne peut passer une si belle fête le ventre vide… Il va attendre que le soleil se couche pour sortir quelques instants et manger un peu de thym, un peu de romarin… *Lou seren* va se lever et me ramener son odeur.

Et c'est comme ça que les choses se sont passées. Le soir de Noël est arrivé. Alfred était dans son trou, il gémissait :

– Mais c'est pas possible... Pauvre Alfred ! Qu'est-ce que j'ai faim ! Ça fait huit jours que je n'ai rien mangé. Seulement je ne peux pas sortir ! Ils sont là, avec leur chien et les fusils. Si je sors, ils vont me courir derrière, ils vont me tirer dessus... Ah non ! Je ne peux pas... Ce n'est pas possible... Ou alors... Peut-être, quand le soleil sera couché, ils vont rentrer pour préparer leur soirée de Noël... À ce moment-là, je sors très vite : là devant il y a une touffe de thym, là un peu plus loin une touffe de romarin... Oh oui, vé... Je vais faire comme ça... Je vais attendre que le soleil se couche...

Et quand le soleil s'est couché, Alfred est sorti de son trou, il s'est approché de la touffe de thym...

– Mmmm... Que c'est bon !

Et puis du romarin... Le chien était sur le pas de la porte. Il était là, le museau tendu en avant... Il reniflait le vent... *Lou seren* s'est levé, entraînant l'odeur de la bête vers la truffe du chien...

– Il est là !

Alors, Bramaïre s'est mis à courir en direction de la lièvre.

Alfred, qui était tranquillement en train de déguster, a jeté un coup d'œil par-dessus son épaule. Quand il s'est aperçu que le chien lui fonçait dessus, il s'est mis à courir dans l'autre sens, en sautant à droite, à gauche, à droite, à gauche... Comme font les lièvres.

Le chien le poursuivait... Alfred sentait que le chien le rattrapait. Alors là, plus de droite ni de gauche : Il a accéléré droit devant... *tagada tagada tagada*...

Le chien aussi accélérait... Alors la lièvre accélérait encore... Et le chien continuait...

Au bout d'un moment, Alfred a senti ses forces diminuer... Pensez donc ! Cela faisait huit jours qu'il était dans son trou et qu'il n'avait rien mangé... Tandis que le chien, lui, depuis huit jours, il se reposait au fond de sa niche, en mangeant à sa faim...

La course était lancée depuis un bon moment... Le chien se rapprochait : plus que dix mètres... Plus que cinq mètres... Plus que deux mètres... Plus qu'un mètre !

Et là, il s'est passé quelque chose d'extraordinaire, qu'on ne peut pas imaginer ailleurs qu'en Camargue, un soir de Noël : au lieu de continuer à courir comme un imbécile, Alfred s'est arrêté d'un coup. Il a fait demi-tour et il a planté son regard dans celui du chien.

Le chien a freiné des quatre fers. Il s'est arrêté à « ça » de la lièvre ! Juste à la distance pour que la lièvre envoie sa patte et que d'un grand coup de griffe, il lui arrache la moitié de la truffe. Et, devant cette lièvre qui le regardait droit dans les yeux, les pattes raides et les oreilles bien droites, le chien avec sa moitié de truffe qui pendait et qui saignait, il a fait quelque chose qu'il n'aurait jamais dû faire !

Il a re... cu... lé !

Et un chien qui recule devant une lièvre, un soir de Noël en Camargue, ça ne mérite plus le nom de chien...

Et bien, si un jour vous allez vous promener en Camargue, demandez-moi l'adresse... Je vous la donnerai volontiers. Vous irez dans cette ferme et vous les trouverez, le chien et la lièvre. Oui, tous les deux, parce que vous pensez bien que depuis cette fameuse cavalcade, aucun chasseur n'irait lever son fusil contre une lièvre qui a battu un chien, à la course, surtout un soir de Noël ! Non, non !

Alors, quand vous arriverez, vous serez accueilli... C'est Alfred, la lièvre, qui s'approchera et qui viendra chercher une petite caresse ! Il sera là, au portail, il viendra au-devant de vous... C'est devenu une lièvre domestique, une vraie lièvre de compagnie.

Et Bramaïre ? Ah ! Oui... Le chien...

Le chien, il est fond de sa niche, il ne bouge plus, il ne sort plus... Si ! Juste de temps à temps, il tend la moitié de truffe qu'il lui reste pour deviner d'où vient le vent... Mais ce n'est plus un chien, non... Ce n'est plus qu'une ombre de chien...

Tandis qu'Alfred, lui, il se montre... Il pavane... Il roule des épaules en s'approchant de vous !

Eh bien, on m'a dit qu'Alfred, la lièvre, dans son mas de Camargue, le soir de Noël, on l'entend aboyer...

Et un lièvre qui aboie, il n'y a vraiment qu'en Camargue que ça existe !

Renaude et Jean-Baptiste

Il était une fois un berger qui gardait son troupeau dans la plaine de Crau. Il s'appelait Jean-Baptiste.

Chaque année, à la Sainte-Barbe, le 4 décembre, il se rendait au marché de Noël dans la belle ville d'Arles. Il venait y vendre un agneau de lait. Avec l'argent, il achetait un ou deux santons pour compléter la petite crèche qu'il construisait dans un coin de sa cabane.

Il en avait déjà une quinzaine, la sainte Famille qu'il avait reçue pour sa communion et ceux qu'il avait rajoutés chaque année depuis qu'il était berger.

Sa crèche était unique ! Elle était faite de morceaux de bois qu'il avait sculptés et façonnés pendant les heures interminables où il se trouvait seul avec le troupeau. Il choisissait des branches de thym, des herbes aux formes évocatrices. Il les arrangeait pour faire un décor naturel du plus bel effet. Il pouvait passer des heures à la contempler !

Au marché de Noël, il achetait aussi trois oranges : une pour le *Pélou*, le propriétaire du troupeau. C'est le nom qu'on leur donne dans cette partie de la Crau. La deuxième était pour la femme du Pélou, qui ne manquait jamais de lui dire bonjour chaque fois qu'il la croisait et qui le traitait comme s'il était un fils de la maison.

La dernière était pour lui ! C'était son cadeau de Noël. Et aussi d'anniversaire, car il était né un 25 décembre, comme le Petit Jésus !

C'est là, au marché de Noël d'Arles, qu'il rencontra Renaude. Elle portait à merveille le beau costume d'Arlésienne. Comme lui, elle se préparait à fêter Noël.

Renaude, la belle Arlésienne, était la fille du Pélou, le propriétaire du troupeau de Jean-Baptiste. Il se souvenait l'avoir vue chez le Maître quand elle avait douze ans, le jour de Noël. Ce jour-là, comme chaque année, il avait mangé à la table du Maître.

Il était invité avec toute la maisonnée. C'est la tradition chez les bergers de Crau.

Depuis, elle était partie chez une tante, du côté d'Avignon, pour y faire des études. Il ne l'avait pas revue. Elle ne rentrait chez elle que pour les grandes vacances d'été, au moment où lui était à la montagne avec le troupeau, pour l'estive.

Jean-Baptiste allait fêter ses 25 ans. Au marché de Noël, ils étaient tous les deux devant l'étalage de fruits. Leurs deux mains se posèrent en même temps sur la même orange et ils se regardèrent en rougissant. Puis ils éclatèrent de rire ! Leurs yeux se mirent à briller. Ils comprirent tout de suite qu'ils étaient faits l'un pour l'autre.

Elle était belle, sage et dévouée. Elle était riche et ne manquait pas de prétendants.

Lui n'était qu'un simple berger, cheminant toute l'année avec le troupeau au travers de la vaste plaine de Crau et l'été à la montagne. Il n'avait rien à lui offrir, qu'une cabane... Et son cœur !

Le riche propriétaire terrien avait bien d'autres ambitions pour sa fille unique. Ce pauvre berger n'était qu'un ouvrier parmi tant d'autres. Mais il a vite compris que, face à l'amour de Renaude pour son berger, il ne pourrait rien.

Il ne pouvait s'empêcher de penser à l'histoire tragique de Mireille et de Vincent, ce drame qu'a raconté le grand Frédéric Mistral. Il ne voulait pas que pareille aventure vienne endeuiller sa maison.

Il se résigna en déclarant à sa fille :

– Écoute, Renaude, puisque tu l'aimes, épouse-le, mais alors tu dois le faire en cachette. Je ne veux pas que nos gens soient au courant...

C'est ainsi qu'après avoir été mariés en toute discrétion par le prêtre du village, Renaude et Jean-Baptiste partirent tous les deux pour s'installer dans la modeste cabane de la Crau.

Alors commença une belle et longue histoire d'amour. Jean-Baptiste savait qu'il exercerait son métier de berger jusqu'à la fin de sa vie.

Renaude avait accepté une fois pour toutes cette vie pour laquelle elle n'avait pas été préparée, mais qui lui convenait.

Elle le rejoignait tous les jours dans les pâturages, avec son panier, à l'heure du déjeuner. Ils étaient heureux. Afin qu'il ait sous les yeux la preuve de son amour, Renaude avait cousu sur chacun des pantalons de Jean-Baptiste un morceau de sa plus belle robe à fleurs.

Ils ne venaient plus à Arles, de peur d'y rencontrer des connaissances. Ils ne sortaient jamais.

Un jour, un homme traversait la Crau dans sa camionnette à pétrole. Le mistral soufflait très fort, frappant par rafales le flanc de la voiture. Le conducteur avait toutes les peines du monde à garder son cap. Le vent soulevait des nuages de sable, réduisant la visibilité. Heureusement, à cette époque, il ne passait quasiment personne sur cette route de plus de trente kilomètres qui rejoint Arles à Salon de Provence.

Une sangle de la bâche s'était décrochée, frappant contre la portière. Le conducteur arrêta la voiture et descendit pour la rattacher. Il aperçut à quelques pas de là la silhouette de Jean Baptiste.

Le conducteur s'approcha du berger et ils firent connaissance.

Il expliqua qu'il était artiste. Il avait le don merveilleux de sculpter dans l'argile des personnages plus vrais que nature. Il les faisait cuire dans un grand four et les peignait ensuite avec des couleurs vives. C'était un santonnier.

Il revenait du marché de Noël d'Arles et rentrait à Aix en Provence, où était son atelier.

Jean Baptiste lui parla de sa crèche personnelle. Il voulut la voir. Alors le berger conduisit le santonnier jusqu'à sa cabane. C'était la première fois qu'il montait dans une voiture à pétrole.

Renaude préparait son panier pour le repas de midi. Elle invita le visiteur à partager le repas. Qu'est-ce qui poussa Jean – Baptiste à raconter son histoire ? Les deux hommes discutèrent longtemps.

L'histoire des amours de Renaude et de Jean-Baptiste avait ému le santonnier : il voulut fixer pour l'éternité cette vision qui l'avait frappé, celle d'un berger penché en avant et luttant contre le mistral. Il invita les deux amoureux à venir dans son atelier, à Aix en Provence. C'est là qu'il fit naître de l'argile deux statuettes de belle taille.

Cet artiste santonnier était bien connu dans toute la Provence et même au-delà : il s'appelait Paul Fouque. Ainsi fut créé, en 1952, son célèbre *« Coup de mistral »*. Souvent imité, souvent copié, mais reconnaissable entre tous ! Toujours courbé, la main retenant son chapeau, appuyé sur son bâton, la cape au vent… Le berger de Crau porte un pantalon rapiécé avec du tissu fleuri au niveau du genou. Le même tissu que celui de la robe de Renaude.

Quand vous traverserez la Crau, surveillez bien. La légende dit que, les jours de grand Mistral, on devine au loin une silhouette géante. C'est celle de Jean-Baptiste. On croit l'apercevoir quelquefois, au milieu des cailloux, appuyé sur son bâton, sa grande cape flottant au vent, penché en avant pour lutter contre les bourrasques ; il tient son chapeau d'une main, de peur qu'il ne s'envole…

Le tambourin de Pépo

La Provence est grande... Connaissez-vous ce pays, tout là-haut, dans la montagne, où naît la Durance ? C'est le Col du Mont Genèvre, entre la Provence et le Piémont. C'est une belle région, avec des paysages magnifiques, été comme hiver. Mais la terre y est ingrate. Elle forme des hommes robustes et durs à la tâche.

Là se trouve la frontière entre la France et l'Italie. Mais, plus qu'une frontière, il y a cette ligne qui délimite le partage des eaux. Avez-vous pensé à cette goutte d'eau qui tombe sur la montagne, tout en haut, juste au milieu de la ligne. Elle doit réfléchir et hésiter un moment ! Parce que selon qu'elle tombe d'un côté ou de l'autre, ce n'est pas tout à fait pareil !

Si elle descend vers l'Italie, elle va rouler vers le Pô ; elle rejoindra Turin et Milan, puis Vérone et Padoue... Et elle finira peut-être sous une gondole, à Venise !

Par contre, si elle roule vers la France, elle va suivre la Durance : Briançon, Embrun, Savines et le lac de Serre-Ponçon, Sisteron et puis Manosque, Cavaillon, Avignon, le Rhône et la Camargue et elle finira... Dans un Pastis, à Marseille !

Si ! C'est possible ! Puisque l'eau que l'on boit à Marseille, c'est celle de la Durance. Vous voyez, il y a bien de quoi réfléchir !

Pour Pèpo c'était un peu pareil. Il était né dans une ferme perdue dans ces montagnes où l'on se contentait de peu. Quand il a eu 15 ans, son père lui a donné une grande tape dans le dos et lui a dit :

– Va gagner ta vie, petit... Il n'y a pas de quoi nourrir tout le monde ici.

Pèpo a pris son maigre bagage et il a quitté sa montagne. Quand il s'est trouvé en haut du col du Mont Genèvre, il s'est arrêté et il a réfléchi quelques instants. Est-ce qu'il allait descendre du côté de l'Italie ou du côté de la France ?

Du côté du Piémont et de la Lombardie ou de celui de la Provence ?

C'est la Provence, qu'il a choisie ! Il est arrivé sur la place de Pampérigouste, le jour du marché. Il est monté sur le rebord de la fontaine et a crié très fort en se servant de ses mains comme d'un haut-parleur :

– Voilà, je suis Pèpo, j'ai 15 ans. Je cherche du travail.

C'est comme ça que l'on faisait, autrefois.

– Et qu'est-ce que tu sais faire ?

– Oh, tout et rien ! Mais je suis courageux !

– Alors tu as de l'avenir, petit ! Tu aimes les bêtes ?

– Oui, je viens d'une ferme.

– Est-ce que tu t'y connais dans les moutons ?

– Oui un peu. Il y en avait chez mon père.

– Et bien, va voir le vieux berger, là-haut, il cherche un remplaçant.

– Berger ? Oui, ça me va bien !

Alors, Pèpo est devenu berger. Le vieux maître berger lui a appris son métier et ce n'est pas facile ! Mais Pèpo y a mis tout son cœur. C'est qu'il faut en savoir des choses pour devenir berger ! Il faut savoir deviner le temps qu'il va faire, soigner les bêtes, prévenir les épidémies, connaître les plantes... Tout un tas de choses que les gens ignorent parce qu'on ne les apprend pas à l'école. D'abord, l'école, Pèpo, il n'y était jamais allé...

Dans son troupeau, il y avait un petit bouc tout noir et une petite chèvre toute blanche ! Et ils s'aimaient bien ! C'était un plaisir de les voir gambader toute la journée en se lançant des clins d'œil en coin, des *rigardelles* comme on dit ici...

Le vieux berger lui avait appris comment, dans une canne de Provence, on taille un sifflet. En y perçant trois trous, deux dessus et un dessous, cela devient une petite flûte magique qu'on appelle un galoubet.

Tout en gardant son troupeau, le jeune Pèpo avait appris à manier son instrument : la musique qu'il en tirait était fantastique ! Croyez-le, on n'avait jamais entendu aussi joli galoubet dans toute la Provence !

Le petit bouc et la petite chèvre semblaient danser au son de cette flûte. Et le dimanche, Pèpo descendait sur la place du village où il se mettait à jouer. Les gens du village s'approchaient pour l'écouter. Ils étaient heureux d'avoir un si joyeux musicien !

Un dimanche qu'il jouait sur la place, le curé de l'église vint le voir :

– Pèpo, j'ai peut-être quelque chose pour toi !

– Pour moi ?

– Oui, pour toi. Figure-toi que l'autre jour, en rangeant de vieux papiers dans la sacristie de l'église, je suis tombé sur un cahier dans lequel on explique comment fabriquer un tambourin de Provence. Je crois que ça peut t'intéresser !

– Ah bon ! Mais pour quoi faire ?

– Pour jouer avec ton galoubet : tu le tiens d'une seule main, l'autre est libre pour jouer le tambourin. C'est très bien expliqué sur ce cahier…

– Vraiment ? Mais, vous me le donnez… À moi ?

– Je ne vois pas tellement qui d'autre ça pourrait intéresser.

– Mais vous croyez que je peux arriver à construire un tambourin ? Tout seul ?

– Oh, ça n'a pas l'air bien difficile et tu es dégourdi ! Je crois que ce qu'il te faut, surtout, c'est de la patience !

– Ça, j'en ai ! Comme tous ceux qui passent leur temps à attendre… C'est vrai ? Vous me le donnez ?

– Mais bien sûr !

– Il y a un petit problème… C'est que je ne sais pas bien lire…

– Eh bien, tu n'auras qu'à apprendre ! Je t'aiderai, si tu veux.

– Comme vous êtes brave, Monsieur le curé ! Laissez-moi vous promettre une chose : si j'arrive à construire mon tambourin, la première fois que j'en jouerai, ce sera dans votre église, le soir de Noël !

– Et bien, si tu veux ! Il y a bien des vieux airs que les gens d'ici chanteront avec toi.

– Mais ne dites rien à personne… On leur fera la surprise !

Alors Pèpo, bien aidé par Monsieur le Curé, commença à déchiffrer le cahier. On y parlait d'un fût en bois de noyer. Il connaissait, au bord d'un champ, un vieil arbre tout sec qui avait pris la foudre. Ce devait être un vieux noyer et il faisait juste les bonnes dimensions. Quand il fut sur place, il lui sembla un peu grand, mais encore solide. Avec son couteau de berger, il en préleva un morceau et le présenta au menuisier du village.

– Oui, c'est bien du noyer ! Et du beau, encore ! Il doit avoir au moins un siècle !

Alors, patiemment, copeau après copeau, rien qu'en utilisant son couteau, il enleva tout l'intérieur du tronc du noyer. Souvent il s'arrêtait pour aiguiser la lame sur une pierre douce. Et quand il eut enlevé tout l'intérieur du tronc, il s'attaqua à l'extérieur. Patiemment, il reproduisit chacun des motifs, comme ils étaient dessinés sur le cahier : les baguettes droites, les lignes pointillées, les torsades, les branches d'olivier, les épis de blé…

Après plusieurs mois de travail, il pouvait contempler son œuvre : on n'avait jamais vu une aussi jolie caisse de tambourin dans toute la Provence !

Il fallait maintenant s'occuper des peaux. Sur le cahier, on disait qu'il fallait de la peau de veau mort-né. Du veau mort-né ? Pèpo ne savait pas où en trouver. Il savait bien que, quelquefois, les brebis naissent en mourant ou qu'elles meurent en naissant, ce qui revient au même. Mais du veau mort-né ? Il n'y avait pas de vaches dans ce pays…

On disait aussi, sur le cahier, qu'à défaut de peau de veau mort-né on prenait de la peau de chevrette…

Or, un matin, quand il ouvrit la porte de sa cabane, il trouva la petite chèvre allongée par terre, au milieu du chemin. Elle était morte dans la nuit de mort naturelle, sûrement sans souffrir, car il n'avait pas entendu bêler. À côté, le petit bouc était penché sur le corps inerte. Il semblait bien triste !

Pèpo a vu là un signe du destin ! Il a ramassé la petite chèvre, l'a prise dans ses bras et a traversé tout le village pour aller chez le tanneur de peau, de l'autre côté du pont, au bord de la rivière.

— Tu ne pourrais pas m'en tirer deux peaux de cette taille ? Dit-il en ouvrant ses bras à la dimension du tambourin.
— C'est faisable. Mais comment vas-tu me payer ?
— Quelques tomes de fromage aux herbes de la montagne et un petit agneau de lait, ça te suffit ?

Pèpo est reparti avec ses deux peaux sous le bras, il est revenu à la cabane et il a monté son tambourin.

Et à partir de ce moment-là, le petit bouc n'a jamais plus quitté l'instrument des yeux ! Il savait bien que c'était son amoureuse qui était là, dessus et dessous. Il suivait le tambourin partout. Il dormait tout contre. Et quand Pèpo rejoignait le troupeau dans la colline, le tambourin sur l'épaule, il était toujours à côté de lui.

Tout en gardant les brebis, Pèpo s'entraînait à frapper en cadence tout en jouant en même temps la mélodie sur le galoubet. C'est que ce n'était pas facile ! Il fallait bouger les doigts d'une main et frapper de l'autre avec la *massette* qu'il avait taillée dans une branche de buis. Au bout de la baguette, il avait ajusté un bout de corne récupéré lors de la mue du bélier, qu'il avait poli sur la pierre à aiguiser. Cela faisait contrepoids. Tout ça, c'était expliqué dans le fameux cahier dont les pages n'allaient pas tarder à tomber en poussière, à force de les feuilleter !

Dans l'histoire, il avait toujours gagné quelque chose : maintenant, il savait lire. Tout cela grâce au brave curé du village. Il lui rendait souvent visite. Il lui avait même fait faire sa communion.

Au bout de quelque temps, le résultat lui sembla satisfaisant. La massette rebondissait avec souplesse et le tambourin sonnait joliment en mariant son ron-ron avec les sons aigus de la petite flûte.

Comme on approchait de Noël, il se dit :
— Je pense que je vais pouvoir tenir ma promesse !

Et le soir de Noël est arrivé.

Une neige fine était tombée sur les collines, comme pour saluer la grande fête ! De la neige à Noël, ce n'est pas rare, là-haut, dans la Haute Provence !

Pèpo prit son tambourin, il le mit sur l'épaule. Son galoubet dans la poche, il prit la route de l'église. Le petit bouc était là pour l'accompagner, bien entendu !

Pèpo posa son tambourin à l'abri sous une remise, près de l'église. Il dit au petit bouc :

— Tu me le gardes, *qué* ? Fais bien attention ! Moi, je vais rentrer dans l'église comme d'habitude. Mais quand ce sera le moment des offrandes, je viendrai le chercher et je rentrerai, majestueux, en jouant mon galoubet avec mon tambourin !

Et Pèpo est entré dans l'église.

Est-ce le froid ? Est-ce la neige ? Est-ce que, tout simplement, à cette époque, il y en avait encore beaucoup dans la Haute Provence ? Toujours est-il qu'un loup est sorti du bois. Un loup s'est approché de l'église. Et quand il a senti l'odeur de la petite chèvre, il n'a pas pu s'empêcher de planter ses grandes dents dans la peau du tambourin. Il fut tout étonné de ne pas y trouver cette chair fraîche dont il raffolait...

Le petit bouc, qui s'était endormi juste à côté du tambourin, s'est réveillé d'un coup :

— Oooh, mais qu'est-ce que tu fais ! Mais ne touche pas au tambourin de mon maître ! Mais... Il a crevé la peau ! Va-t'en ! Recule, on n'a pas besoin de toi !

Et à coups de cornes, à coups de sabots, le petit bouc a bien tenté de repousser le loup. Mais, dans les histoires, les loups sont toujours plus forts que les petits boucs !

Le loup a attrapé le petit bouc à la gorge. D'un seul coup de dents, il lui a coupé la grosse artère. Le petit bouc est tombé, juste à côté du tambourin.

Quand Pèpo est sorti de l'église, d'abord, il a vu le petit bouc dans une mare de sang. Puis il a vu son tambourin tout crevé ! Il a eu un haut-le-cœur :

— Mais ce n'est pas possible, qu'est-ce qui se passe ! Mon tambourin tout crevé ! Et mon petit bouc !

Pèpo a ramassé le corps du petit bouc, il a ramassé le tambourin. En les serrant très fort dans ses bras, il est retourné dans l'église qu'il a traversée en courant comme un fou. Il s'est planté devant la crèche en s'adressant au petit Jésus :

– Petit Jésus, je ne sais pas ce que je t'ai fait ! Tout à l'heure, j'étais content, j'étais heureux, j'avais un tambourin tout neuf et un joli petit bouc ! Maintenant je n'ai plus rien ! Je n'ai plus rien…

Il a éclaté en sanglots. Puis il s'est retourné vers l'assistance :

– Oui, je sais, vous vous en moquez bien, tous autant que vous êtes ! Ce soir c'est Noël ! Et vous, vous êtes tous contents ! Vous êtes en famille, mais moi je suis tout seul et je n'ai plus rien ! Plus rien ! Plus de petit bouc, plus de tambourin ! Plus rien ! Adieu ! Je m'en vais !

Et il a traversé toute l'église dans l'autre sens, en pleurant comme une fontaine et en serrant très fort contre son cœur le tambourin crevé dans lequel il avait mis le corps du petit bouc. Il est monté là-haut, très loin, dans la montagne.

La lune était claire. Il a balayé la neige et creusé un grand trou avec ses mains. Il y a mis le petit bouc et son beau tambourin tout au fond du trou. Puis il l'a refermé. Il s'est mis droit, la tête basse, au pied de cette tombe, en tordant son chapeau entre ses doigts… Et il a pleuré toutes les larmes de son corps, jusqu'à ce que le jour se lève…

Cette tombe, elle existe toujours. Elle est quelque part, dans la montagne. On l'appelle la « tombe des fiancés » : en souvenir du petit bouc et de la petite chèvre qui dorment là-dessous pour toujours…

Il y a des gens qui savent où elle est !

Heureusement, d'ailleurs !

Parce que sur cette tombe, il pousse une plante spéciale, une herbe magique. Une herbe que l'on ne trouve qu'à cet endroit-là. On l'appelle « l'herbe des fiancés ».

Cette herbe magique, il faut en cueillir trois brins, le soir la Saint Jean et venir en frotter la main d'un petit enfant de Provence, si l'on veut qu'un jour il devienne… Un tambourinaire.

Germaine et la rabasse

Alors ! Germaine, tu en as trouvé ?
– Mais non, mon beau : des truffes, cette année, y'en a pas.

On était en décembre, quinze jours avant Noël. Georges se désespérait. Il était courtier en fruits et en légumes. Il passait chez les paysans du coin, avec sa camionnette. Au printemps, il leur achetait les asperges, les fraises et les cerises. L'été, c'étaient les melons, les tomates et les raisins de table. Mais sa vraie spécialité, son « dada » c'était la truffe, la *rabasse*[11] comme on l'appelle en Provence. Il les collectait dès la Saint Siffrein, à la fin du mois de novembre.

Après, il courrait les marchés et il se débrouillait pour revendre au mieux ses trouvailles. Comme il avait su gagner la confiance des paysans qui le fournissaient et aussi celle de ses acheteurs et grossistes, il connaissait parfaitement les habitudes de ce milieu un peu secret et c'est vers lui qu'on se tournait chaque fois qu'on avait un problème d'approvisionnement...

– Tu te rends compte. Pas une truffe cette année. Une grosse gelée au printemps, pas de pluie en août, et maintenant un hiver trop doux. Il faudrait qu'il gèle un bon coup... Le temps est tout détraqué. J'ai peur que des rabasses cette année, on n'en voit pas.

– Y'en aura peut-être en janvier ou en février.

– Peut-être. Mais ça ne fait pas du tout mon affaire. C'est maintenant qu'on me les demande, pour Noël ! Je vais te faire une confidence, Germaine, j'ai reçu avant-hier un coup de fil de l'Élysée.

– De l'Élysée ? Tu ne vas pas me dire que tu as parlé au Président de la République !

– Non, pas au Président, à son chef de cuisine. Il m'a demandé si j'avais des truffes. Comment il a eu mon adresse et mon téléphone ? Alors ça ! Je n'en sais rien.

---

[11] Rabasse : truffe noire dite « du Périgord », même si elle est récoltée principalement en Provence.

– Allons ! Tu sais bien que s'il a un peu cherché dans la région, c'est sur toi qu'on l'a renvoyé. Si toi tu n'en as pas de *rabasse*, c'est pas la peine de chercher ailleurs. Mais qu'est-ce qu'il t'a dit ?

– Il m'a expliqué que le Président, pour Noël, il tenait à sa brouillade de truffes fraîches. Et pas des conserves... Des bonnes truffes noires qu'ils disent *"du Périgord"* même si elles viennent du marché de Carpentras ! Des *rabasses* quoi. Alors je lui ai dit que cette année, des truffes il n'y en avait pas, mais que si je lui en dégotais quelques-unes avant Noël, pas de soucis, elles seraient réservées pour le Président. Tu te rends compte ! Mes truffes sur la table du Président.

– Comment ça, TES truffes ? MES truffes ! NOS truffes... En tout cas, je ne sais pas pourquoi on discute... Les truffes, cette année, il n'y en pas...

– Bon. Écoute, je repasserai vendredi prochain, après le marché de Carpentras. Et ce sera la dernière limite. Après, ce sera trop tard... *Adéssias*, Germaine, porte-toi bien, et cherche bien...

Il ne put s'empêcher, en partant, de s'approcher de la niche de Pilou.

Pilou, c'était lui qui avait la clef de cette affaire. Pilou, c'était le chien de Germaine. Un chien truffier comme elle n'en avait pas eu beaucoup. Et pourtant, depuis cinquante ans qu'elle cavait les truffes, Germaine en avait eu des chiens ! Des petits bâtards au poil court et bouclé, pas trop hauts sur pattes pour avoir sans arrêt le nez au ras du sol. *"La truffe près de la truffe !"* disait Germaine.

Elle avait aussi eu une truie, il y a bien longtemps, mais elle avait trop de mal à la diriger, surtout lorsque cette garce de cochonne avait détecté une rabasse : il fallait la bousculer pour l'empêcher de la manger. Et elle n'en avait plus la force. Tandis qu'avec les chiens ! Eux, ils ne cherchaient que pour le plaisir de leur maîtresse. Et Pilou, c'était son vrai plaisir de partir chercher avec Germaine. Pour lui, c'était surtout l'occasion d'une grande balade dans les champs et sur les ribasses[12].

---

[12] Talus

Du pas de sa niche, Pilou observait tous les matins le lever du soleil. Les jours chauds de l'année, le soleil se levait entre le puits et cette cabane en bois qu'on appelle le "cagadou"[13], où sa maîtresse se rendait plusieurs fois par jour...

Mais à partir du mois de novembre, les premiers rayons du soleil étaient cachés par la margelle du puits, et, un quart d'heure plus tard, le soleil semblait sortir directement du puits... Pilou l'avait bien remarqué : dès que le soleil sortait du puits, c'était le temps des truffes...

C'était un vrai spectacle pour Pilou. Tous les matins d'hiver, il se tenait les pattes croisées, à surveiller l'arrivée du premier rayon. Germaine le trouvait sur son pas de niche, et elle pensait "celui-là, il aime bien aller aux truffes ! Regarde, il m'attend !"

C'est arrivé le jeudi matin.

Il ne restait que cinq jours avant Noël. Trois jours plus tôt, la pluie était tombée toute la matinée et Germaine n'avait pas pu faire sa tournée. C'était une mauvaise journée pour Pilou. Il n'avait eu ni le spectacle du lever du soleil, ni la promenade. Dans la nuit de mardi à mercredi, le vent avait tourné, et le matin, une belle gelée blanchissait toute la campagne quand le soleil, enfin, est sorti du puits.

Le jeudi matin, Germaine et Pilou ont pris le chemin des collines. Ils sont arrivés à proximité du chêne du grand vallat. Le chien s'est arrêté d'un coup, marquant l'arrêt comme à la chasse.

– C'est quoi ? Un lapin ? Va le faire déguerpir !

Mais Pilou restait le nez en l'air, à humer l'air avec délectation. Il avait bien compris que sa maîtresse était impatiente de trouver un de ces champignons noirs qui sentent fort, si fort qu'il se demandait parfois pourquoi elle avait besoin de lui pour les trouver. Peut-être que les humains ont le nez trop haut perché...

Ce coup-ci, il ne pouvait pas se tromper. Elle était là. La première truffe de l'année. La première depuis que, chaque matin, le soleil sortait du puits. Et elle sentait fort, elle était "a point".

---

[13] Cagadou : cabane rustique généralement en bois servant de W.C.

Pilou s'est précipité vers le pied du chêne, et puis il est revenu un peu en arrière, le nez collé au sol. Un pas vers la gauche. Non, c'est de l'autre côté. A droite : oui c'est par là... Encore deux ou trois écarts pour bien la marquer...

Et là, au lieu de planter un coup de griffe à l'emplacement exact de la truffe comme il le faisait d'habitude, Pilou s'est couché, les quatre pattes en l'air. Il s'est roulé sur le sol gelé en se tortillant. Qui n'a jamais vu un chien heureux ne peut pas comprendre !

Germaine s'est approchée lentement. Elle n'était pas du genre à s'émouvoir aussi vite pour une simple rabasse, même promise au président de la République ! Mais elle craquait devant le bonheur de son chien...

Et d'abord, était-ce bien une truffe ? Il fallait la sortir, voir à quoi elle ressemblait. Sous le gros chêne du Vallat, elle n'y avait toujours trouvé que des noires. Des bonnes, quoi : des truffes du Périgord comme disent les marchands. Elle connaissait même leur nom savant : *la tuber melanosporum*. C'était marqué l'autre jour dans la revue des paysans du Vaucluse. Elle avait appris le nom par cœur...

Avec ses gros doigts engourdis pas le froid, elle ramassa quelques pincées de terre. Elle les porta à son nez.

– Oh la garce, elle sent fort ! Pourvu qu'elle ne soit pas pourrie.

Elle releva la tête et regarda son chien...

– Mais non, elle doit être toute fraîche, sinon tu l'aurais trouvée l'autre jour, on est bien passé par là. Elle a dû mûrir avec la gelée d'hier matin.

Alors Germaine sortit de sa poche un petit bout de pain, pour remercier Pilou. Et aussi la griffe en bois de buis qu'elle avait confectionnée quarante ans plus tôt pour creuser la terre gelée. C'était son porte-chance ! Chaque année, elle lui redonnait un peu de mordant : quelques coups d'Opinel suffisaient pour l'affûter.

Le trou s'agrandissait. Le chien surveillait.

– La voilà !

Elle n'était pas très profonde. Trois doigts sous terre... C'est pour ça que son odeur semblait si forte. Germaine fit le tour du précieux champignon. Mais elle dut s'y reprendre à plusieurs fois pour élargir le trou. Elle était énorme ! Pilou sautillait autour du chêne en poussant des petits cris. Enfin, Germaine lui présenta cette masse noire, encore recouverte d'un peu de terre collante !

— Tu te rends compte, Pilou ! Elle fait au moins une livre ! *Uno rabasso coume aco, n'ai jamai vist !*[14]

Germaine avait posé la truffe sur le tas de terre. Pilou s'est approché en allongeant le cou. Sa Maîtresse l'a regardé droit dans les yeux. Quand leurs regards se sont croisés, une double larme s'est formée au coin de leurs paupières.

— La Truffe du Président !

Elle n'imaginait même pas le prix qu'elle la ferait payer. Germaine avait bien regardé dans les coins, car souvent, dans le même trou, on trouvait un chapelet de truffes... Mais non. Celle-là était seule et unique.

Tout en finissant sa tournée, Germaine pensait à cette bouteille d'eau qui s'était renversée l'été dernier, quand elle était venue manger sa *biasse* à l'ombre du grand chêne du Vallat, au temps des melons. La truffe avait poussé là, juste à cet endroit

— Va-t'en savoir ? Pensait-elle.

Maintenant, elle pensait à Georges, le courtier qui allait passer le lendemain ! Il serait bredouille, certainement ! À midi, elle avait allumé son poste de radio pour les informations, et justement on parlait de cette « année sans truffes » et même de la traditionnelle brouillade du Président ! Et dire que c'est elle qui l'avait dans sa musette, la truffe présidentielle !

La cuisine de Germaine commençait à embaumer. Elle avait légèrement brossé le diamant noir, et soulevé d'un coup d'ongle une petite bosse. Pas de problème. Elle était juste mûre. Et c'était bien une *tuber mélanosporum*, comme ils disent : noire avec des filaments blancs. Trois jours suffiraient à exhaler tout son parfum. Le Président serait un homme comblé ! Mais comment lui faire

---

[14] Une truffe comme ça, je n'en ai jamais vu !

savoir qu'elle venait de chez elle ? Elle aurait surtout aimé lui parler de Pilou qui avait trouvé l'unique truffe fraîche disponible, cette année-là, à Noël ? Elle pensa que peut-être elle pourrait joindre une petite carte… Elle en parlerait à Georges…

Elle avait mis la truffe sur le plateau en laiton de sa vieille balance romaine. Débarrassée de toute trace de terre, elle pesait 480 grammes.

– Une livre… Je n'étais pas loin…

Ensuite elle avait pris le plus grand bocal de la maison, celui des cornichons. Elle l'avait vidé et bien rincé, et elle avait déposé la truffe au fond. Par-dessus, elle avait déposé huit œufs. Pas un de plus. Il n'y avait plus de place.

– Ça ne fait rien, c'est déjà pas mal. Et mon omelette de Noël sera bien parfumée.

Il ne restait plus qu'à attendre Georges…

Midi venait juste de sonner, le vendredi, quand, au bout du chemin qui menait à la ferme de Germaine une voiture pointait son capot. Il n'était pas en retard… Mais la voiture qui s'approchait n'était pas celle de Georges. Ou alors, il en avait changé depuis la semaine dernière…

Quand la voiture s'est immobilisée dans la cour, Germaine se pencha pour essayer de reconnaître son occupant. Il ne venait pas grand monde dans sa ferme… Sans ses lunettes, elle avait un peu de mal à voir qui c'était.

– Bonjour Monsieur. C'est pour quoi ?

– Allons, Mamé, tu ne me reconnais pas ?

– Michel ? C'est toi Michel ?

C'est la voix qu'elle avait reconnue.

– Tu as exactement la voix de ton père !

Michel, c'était son petit-fils, l'aîné de son fils.

Depuis qu'il était parti pour la ville, son fils lui téléphonait souvent. Enfin, pour Noël, pour la nouvelle année, pour la fête des Mères, pour son anniversaire, pour la sainte Germaine, le 15 juin. Et quelquefois pour rien ! Mais c'était rare…

Elle, elle l'appelait toujours pour son anniversaire.

Mais ça faisait au moins cinq ans qu'ils n'étaient pas venus. Elle recevait des cartes postales des Antilles et du Sénégal, avec la mer et les cocotiers. Pour eux, c'était plus facile de partir à l'autre bout du monde que de venir ici, à la campagne. Ça, elle ne le comprenait pas bien ! Mère résignée, elle se contentait de ces coups de fil, de les savoir heureux et surtout en bonne santé. Et d'avoir des nouvelles de ses petits-enfants. Et Michel, l'aîné était là, devant elle ! Cinq ans ! Comme il avait changé ! Il était grand et fort comme un turc et il portait une belle barbe. C'est pour ça qu'elle ne l'avait pas reconnu.

– Tu n'apportes pas de mauvaises nouvelles, au moins !

– Mais non, Mamé, je suis descendu à Marseille pour mon boulot. On avait un symposium.

– Un quoi ?

– Un symposium, un raout, quoi.

– Mais c'est quelle langue, ça ? Je n'y comprends rien.

Alors, il expliqua : de temps en temps, l'entreprise pour laquelle il travaillait (il disait qu'il bossait) organisait une sorte de fête pour présenter ses projets pour l'année à venir. Elle leur offrait un petit séjour dans un grand hôtel, avec des « grosses bouffes » et des « putains de soirées » où il s'était « éclaté » !

– Mais comment tu parles ? Allez, viens, entre…

En arrivant dans la grande salle à manger, il ne put s'empêcher de dire :

– Ça sent drôle, ici ? C'est quoi cette odeur ?

– Quelle odeur ?

– Tu ne sens pas ? Ça chlingue ? C'est quoi qui pue comme ça ? On dirait que ça vient du buffet…

– Ah ! Tu ne connais pas l'odeur de la truffe ! Viens, je vais te la montrer. Elle est belle ! 450 grammes.

Elle ne parla pas du Président…

– C'est donc ça ! Ils en ont parlé hier à la radio ! C'est drôle que les gens se battent pour ça. Moi je trouve que ça pue !

– Si ton père était là, il ne dirait pas la même chose…

– Justement, c'est pour lui que je suis passé te voir. Il nous parle toujours des dindes que tu élèves pour Noël. Il paraît qu'elles ont un goût spécial. Que ça ne ressemble en rien à celles qu'on achète... Tu en aurais pas une à me vendre pour lui ramener ? Je voudrais lui faire une surprise.

– Te vendre une dinde ? Tu veux rire ! Justement j'en ai plumé une ce matin. Je comptais l'offrir à mon courtier, Georges, qui ne va pas tarder à passer. Je vais te la préparer, tu vas l'emmener à ton père... Tu manges avec moi ?

– Non, Mamé, je suis pressé. Je dois remonter sur Paris ce soir. On annonce de la neige dans le Morvan. Il faut que je prenne la route au plus vite.

Germaine eut un peu de mal à cacher son dépit. Pressés ! Ils étaient toujours pressés ces gens de Paris. Elle passa dans la patouille[15] pour préparer la dinde pour le voyage. Son petit-fils était retourné à sa voiture pour en sortir une boîte de chocolat qu'il avait pris le temps d'acheter au magasin de l'autoroute.

Quand il revint, sa grand-mère lui remit un gros paquet entouré de plusieurs feuilles de papier journal et ficelé comme un saucisson.

– Une heure à four bien chaud et après deux heures à four moyen, tu te souviendras ?

Il remonta dans sa voiture, il n'était pas resté plus d'un quart d'heure.

– C'est marrant, on dirait que l'odeur de la truffe me suit jusque dans la voiture... Allez, au revoir, Mamé, on viendra bien te voir tous ensemble un de ces quatre ! Et merci pour la dinde ! Papa va être surpris...

La voiture s'est engouffrée dans le chemin et rejoignit la route goudronnée. Au bout du chemin, Michel dut se mettre sur le côté, car Georges, le courtier, s'engageait à son tour dans l'autre sens. Ils se croisèrent et se firent un petit signe du menton...

---

[15] Patouille : recoin servant de cuisine rudimentaire, équipé d'un évier : la pile.

– Alors, Germaine, j'ai encore eu le chef de cuisine de l'Elysée hier soir. Tu me l'as trouvée cette truffe ?

– Eh non, mon beau ! Pour Noël cette année, c'est cuit...

Il s'en est parlé de cette année au « *Noël sans truffe* », du désappointement présidentiel. Il y avait vu un très mauvais présage. D'ailleurs, l'année d'après, il ne fut pas réélu.

Mais, ce que le Président n'a jamais su, c'est qu'à quelques pas de l'Elysée, dans un petit pavillon de la proche banlieue, une famille ordinaire, originaire du Vaucluse, venue s'installer là pour travailler quelques années auparavant s'était régalée le jour de Noël d'une dinde de plus de quatre kilos, truffée par 480 grammes de souvenirs émus et de bonheur...

Le Noël de Baptistin

Baptistin est un berger. Un berger transhumant : dès les premières chaleurs, avec son troupeau, il quitte la grande plaine de cailloux de la Crau pour les verts pâturages des Alpes. Et il n'en redescend qu'au mois d'octobre, juste avant les premières neiges.

Quand la pleine lune de novembre brille de tous ses feux, c'est le temps de l'agnelage. Il ne compte plus alors les nuits blanches passées à aider les agnelles à mettre au monde leurs petits. Oh certes, la nature se charge du plus gros ! N'empêche qu'elles ont souvent besoin d'aide. Surtout quand elles ont deux agneaux, quelquefois trois…

Et puis, ce n'est pas toujours aussi simple : il y a les accidents. Ces mères qui ne veulent pas de leur petit et qui le rejettent. Ou bien celles qui n'ont pas assez de lait pour les nourrir… Et il y a celles qui ne supportent pas l'effort et laissent un petit orphelin…

Quand cela arrive, le berger recueille l'agneau qui bêle à fendre l'âme en se frottant au corps sans vie de sa mère. Il tente de le confier à une autre mère, mais ça ne marche pas toujours. Alors, il prend un biberon, tire un peu de lait des brebis aux mamelles gonflées et nourrit de la sorte le pauvre petit agneau qui ne se fait pas prier…

Et celui-là, mon Dieu, comme il était beau ! Il était reconnaissable entre tous : il avait le museau et le bout des quatre pattes toutes noires. On aurait dit qu'il avait mis des chaussettes ! Et affectueux, avec ça. Il ne quittait jamais Baptistin.

Les autres agneaux grossissaient à vue d'œil, bien nourris du bon lait de leurs mères. Lui restait chétif… Alors le berger lui donna le nom de *Péquélet*.

Comme il le faisait chaque année, le 24 décembre au soir, Baptistin enfila sa grande cape pour rejoindre l'église du village et assister à la messe de minuit. Il attrapa son Péquélet et le mit bien à l'abri, sous son manteau.

Dans l'église, il resta debout, au fond, son agneau dans les bras, en attendant l'Offertoire et le défilé des offrandes. Une dizaine de villageois avaient mis leur beau costume provençal et ils apportaient au petit Jésus les produits du pays : du pain, des légumes, du vin, des fruits...

Comme d'habitude, il passa le dernier, traversant d'un pas lent toute l'église en caressant la tête de Péquélet qui dépassait de sa cape.

Arrivé devant la crèche, il mit un genou à terre, se signa et déposa son agneau sur la paille, juste à côté du petit Jésus. Puis il retourna au fond de l'église.

Et quand le curé lança son « *Ite missa est ! Joyeux Noël à vous tous !* », Baptistin remonta toute la travée centrale de l'église à contresens, essayant de ne pas trop bousculer tous ces gens qui étaient pressés de rejoindre leurs maisons pour retrouver la table de Noël et ses treize desserts.

Mais lorsqu'il arriva enfin devant la crèche : surprise ! Son agneau n'y était plus... Il chercha tout autour... Mais rien. Il l'appela, doucement d'abord, puis à pleine voix : Péquélet, Péquélet ? Sa voix résonnait sous la voûte de l'église qui s'était maintenant entièrement vidée.

Le curé s'approcha :

– Qu'est qui vous arrive, brave homme ?

– Je cherche mon agneau ! Je ne le trouve plus...

– Oh, il ne doit pas être bien loin... Il est peut-être sorti avec les gens ?

– Ça m'embête ! Il va me manquer... Mais je ne peux pas attendre, j'ai encore du travail et demain, comme c'est la tradition, nous mangeons tous à la table du Maître...

– Ne t'inquiète pas, berger. Je vais bien le retrouver. Je te le ramènerai...

Le lendemain matin, à dix heures, le curé venait ouvrir les portes de l'église pour la messe du matin de Noël. En passant devant la crèche, il jeta un regard attendri sur le poupon en celluloïd qui avait tenu le rôle du petit Jésus, en cette nuit de Noël. Il s'agenouilla et sentit une larme poindre au coin de son œil...

Mais soudain, la paille se mit à bouger, juste à côté du baigneur. Une petite tête au museau noir se dressa et lança un grand « béé ».

– Ah ! Tu es là, toi !

L'agneau s'était glissé sous la paille, il s'était endormi sans que personne ne le remarque...

– Tu as faim ! Je vais voir ce que je vais pouvoir faire pour toi...

– Bonjour, Monsieur le Curé...

Il se retourna.

– Bonjour, petite fille...

– Je viens rechercher mon poupon...

– Ah ! C'est toi qui nous as prêté ce joli petit Jésus ? Regarde comme il est beau, couché là, sur la paille...

– Oh oui, je le sais qu'il est beau ! Et je l'aime de tout mon cœur. C'est mon seul joujou...

– Pourquoi ? Tu n'as pas eu d'autres jouets, pour Noël ?

– Et non, Monsieur le Curé. Depuis que mon papa est parti au ciel, maman est très triste et très pauvre ; cela fait déjà deux ans. Elle pleure souvent et ne sourit jamais. Alors moi, depuis, personne ne me fait plus de cadeaux...

– Pauvre petite...

Le brave curé eut une idée...

– Aimerais-tu avoir un petit agneau ?

– Comme celui-ci ?

– Oui ! Celui-ci ! Le berger l'a laissé hier soir et si tu veux, je te le confie. J'irai m'arranger avec lui...

– C'est vrai, je peux l'avoir ?

– Bien sûr ! Cela te fait plaisir ?

– Oh oui ! Comme je suis contente ! Quel beau cadeau de Noël !

– Alors emporte-le avec ton poupon et donne-lui vite un grand bol de lait. Il s'appelle Péquélet...

La petite fille sortit de l'église en serrant très fort contre elle son poupon et son agneau...

Quelques jours plus tard, elle se promenait dans la campagne avec sa mère. Elles ramassaient du bois mort pour faire du feu dans la cheminée ; son agneau gambadait devant elles. Quelquefois, il prenait un peu d'avance, il s'arrêtait et se retournait pour les attendre. Il lançait des *« béé, béé, béé »* pour bien leur montrer qu'il était heureux.

Soudain, au loin, elles entendirent un homme qui criait :
— Péquélet... C'est toi, mon Péquélet ?

C'était Baptistin, le berger. Il avait l'ouïe tellement fine ! Il avait entendu de très loin son agneau qui bêlait. Il l'aurait reconnu entre mille.

Alors Péquélet partit à toute vitesse rejoindre Baptistin qui, lui, n'en croyait pas ses yeux ! L'agneau frotta son museau noir sur les brailles du berger qui le prit dans ses bras et le couvrit de caresses...

— Péquélet, mon petit Péquélet...

La maman et sa petite fille avaient rejoint le berger.
— C'est vous qui l'avez recueilli ? Oh Merci ! Mon Péquélet ! Si vous saviez comme je l'aime...

— Moi aussi, je l'aime, dit la petite fille. C'est Monsieur le Curé qui me l'a donné... C'est mon cadeau de Noël. Il m'a dit qu'il s'arrangerait avec vous, dit-elle en baissant les yeux, l'air gêné...

La maman prit la parole :
— Monsieur le berger, ma petite fille est orpheline, son papa est parti il y a deux ans et moi je vis toute seule avec elle. Depuis que Péquélet est entré dans notre vie, nous avons retrouvé un peu le sourire, toutes les deux. Mais, bien sûr, s'il est à vous, nous sommes bien obligées de vous le rendre...

Le berger hocha la tête. Il semblait réfléchir... Il regarda la maman, droit dans les yeux et prit son chapeau entre ses mains. Il le tordait dans tous les sens...

— Écoutez Madame, moi aussi, je vis seul... Je n'ai que mon troupeau... Et mes chiens ! Alors, si...

Il baissa les yeux, regarda ses chaussures et murmura :
— Je pense à quelque chose... Enfin... Si vous l'acceptez... Nous pourrions, comment dire... Réunir nos solitudes ?

On les a mariés à la Chandeleur, pour le meilleur et pour le pire...

Au Noël suivant, la crèche de l'église fut une vraie crèche, un tableau vivant : la petite fille, montée sur un tabouret, avait mis le costume de l'Ange. Péquélet, qui était devenu un joli mouton tout frisé, tenait à lui tout seul le rôle de l'âne et du bœuf. Baptistin et celle qui était désormais sa femme étaient assis sur la paille. Et, entre eux deux, allongé sur un joli drap de soie, un joli bébé qui n'avait pas encore un mois faisait un Jésus plus vrai que nature !

Et vous ne devinerez jamais comment ils l'ont appelé, ce bébé ?

Noël ? Baptistin ? Péquélet ? Désiré ?

Vous n'y êtes pas !

Ils l'ont appelé Mireille, parce que c'était une fille !

Le Santon Lumineux

Il n'y a pas si longtemps que les Provençaux ont, à leur tour, adopté la tradition du Père Noël. Au début du vingtième siècle, on ne connaissait ici que les Rois-Mages et leurs cadeaux pour l'Épiphanie et quelquefois l'offrande du Petit Jésus, au pied de la crèche : la traditionnelle orange de Noël.

Puis est arrivé cet avatar du Grand Saint-Nicolas, porté par la mode américaine de l'entre-deux-guerres. Santa-Claus s'est transformé en Père Noël, avec sa légende inspirée des traditions nordiques. De quoi semer le doute dans l'esprit des enfants de Provence...

* * *

J'ai, dans ma crèche, un santon particulier. Je ne sais pas s'il en existe un autre comme celui-là. Il est phosphorescent. Il brille dans le noir... Mais il n'y a pas de pile, pas de prise, pas d'ampoule ou quoi que ce soit. Non, c'est naturel. Un peu comme les aiguilles des montres d'autrefois qui se rechargeaient à la lumière dans la journée.

Ce santon a une histoire, laissez-moi vous la raconter...

C'était le soir de Noël. J'avais neuf ans. Comme tous les enfants, j'attendais la visite du Père Noël dans la nuit. Il était déjà tard, toute la famille était réunie. On était encore à table et j'ai demandé à aller me coucher.

– Tu ne veux pas rester un peu avec nous ? C'est Noël, ce soir...

– Justement, maman. Je veux aller me coucher maintenant, parce que demain matin, il y aura les cadeaux... Plus vite je dormirai...

– Et bien, comme tu veux. Fais le tour de la table, embrasse tout le monde, et va te coucher...

En réalité, j'avais décidé que ce soir-là, quand le Père Noël passerait, je le verrai !

On m'avait bien dit qu'il ne fallait pas : si les enfants ne dorment pas quand il vient déposer les cadeaux, il s'en va et ne laisse rien… Mais, à neuf ans, les conseils des grands, on n'a pas trop envie de les écouter ! Alors j'avais décidé de ne pas m'endormir et de l'attendre.

J'avais une très grande chambre qui avait servi autrefois de pièce à vivre. C'est pour ça que, dans la chambre, il y avait une grande cheminée ; mais on ne l'allumait jamais. Et c'était par-là que le Père Noël allait passer. La preuve ? C'est devant cette cheminée qu'on avait aligné les chaussures de toute la famille !

Je me suis glissé dans mon lit… Et j'ai gardé les yeux grands ouverts…

Je n'ai pas attendu bien longtemps… À un moment, j'ai entendu du bruit dans la cheminée…

– Hum, Hum… Bon ! Voyons un peu… Il faut que je repère leurs chaussures. Celui-là, c'est un garage. Celle-là, une poupée… Celui-ci… Mais, tu ne dors pas !

– Non ! Père Noël. Je vous attendais.

– Tu m'attendais ? Pourquoi, tu as quelque chose à me demander ?

– Oh, non ! Je voulais juste vous voir…

– Mais tu sais que si tu ne dors pas, je ne laisse pas tes cadeaux…

– Ça ne fait rien… Je voulais vous voir…

– Oh, et puis tiens ! Ça m'arrange que tu ne dormes pas. Tu vas venir m'aider.

– Qui, moi, Père Noël ?

– Oui, toi ! Tu ne veux pas m'aider ?

– Oh si ! Bien sûr ! Et qu'est-ce qu'il me faut faire ?

– Allez, viens avec moi…

Il m'a sorti de mon lit, on s'est placé devant la cheminée, il a claqué des doigts et d'un coup… Hop ! On s'est retrouvé sur le toit de la maison. Je n'ai rien compris ! Il n'y a pas d'échelle, pas d'ascenseur, rien... Juste : Hop ! D'un claquement de doigts ! C'est magique !

Là sur le toit, il y avait le grand, l'immense traîneau ! Dessus, des milliers de cadeaux enveloppés dans des papiers brillants. Ils étaient bien rangés, par catégories : les voitures d'un côté, les poupées de l'autre, les trains ailleurs...

Et devant le traîneau, il y avait...

Non ! Pas des rennes ! Des flamants roses !

Le Père Noël m'a expliqué :

– Tu comprends, les rennes, ils sont bien gentils. Mais avec eux, je perds un temps fou...

Et ce qu'il m'a avoué à ce moment-là, c'était la réponse à une question que je me posais depuis quelque temps.

– Il faut bien que tu comprennes que le monde, il est bien trop grand pour moi ! Tous ces enfants, dans tous les pays ! Il est impossible de leur rendre visite en une seule nuit, même avec le décalage horaire, même avec les superpouvoirs dont je dispose... Alors *(mais surtout, tu ne répéteras pas)* je me fais aider par leurs parents. Mais quand même, je garde chaque année un endroit de la terre que je visite personnellement.

Et cette année-là, c'était ma Provence !

– Oui, je te disais, les rennes... Ils sont bien gentils, mais quand je les amène dans ces contrées qu'ils ne connaissent pas, ils me font perdre un temps fou. Ils sont toujours en train de chercher. Alors je préfère prendre des animaux de la région ; voilà pourquoi, ici, en Provence, j'ai choisi des flamants roses ! Allez ! Hue !

Et le traîneau s'est mis en route. Le Père Noël me commandait :

– Prépare un train, un garage, une dînette et une boîte de jeux.

Je traversais en courant le grand traîneau et je garnissais sa hotte. Quand on s'arrêtait au-dessus d'une maison, il se plantait devant la cheminée. Il aurait eu un peu de mal pour se faufiler dans le tuyau qui était bien trop étroit... Mais il n'en avait pas besoin : il claquait des doigts et hop ! Il disparaissait ! Il remontait et on repartait...

Et comme ça, toute la nuit ! À courir dans tous les sens, les bras chargés de cadeaux ! J'étais fatigué ! Mais fatigué ! Fatigué, mais heureux. Quelle aventure...

Et quand le coq a chanté, le soleil pointait le bout de son nez. Alors, on est revenu au-dessus de la maison, il m'a pris par la main, on est redescendu dans ma chambre : hop ! Comme ça ! En un clin d'œil...

Là, il m'a raccompagné dans mon lit, il m'a fait une bise sur le front et il m'a dit :

– Ah ! Tu m'as bien aidé, petit. Je te remercie de tout mon cœur. Allez ! Soit sage, apprend bien à l'école, écoute bien tes parents... À l'année prochaine...

– Mais, Père Noël...

– Quoi ? Il te manque quelque chose ? Ah oui ! Tu n'as pas tes cadeaux ! Je n'y pensais plus...

Alors il est remonté sur le toit, il est allé chercher ce que je lui avais demandé quelques jours auparavant dans une belle lettre. Il est redescendu avec ma lettre dans sa main, puis il a déposé les paquets dans les chaussures, au pied de la cheminée.

Il s'est approché de mon lit, et il a mis entre mes doigts... *Le santon lumineux* !

Il m'a dit :

– Garde-le toute ta vie, il te portera bonheur ! Allez, Joyeux Noël !

Et il est reparti.

J'ai serré le santon très fort contre moi et, très vite, je me suis endormi...

Au matin, ma mère est entrée dans la chambre :

– Allez, lève-toi vite ! Le Père Noël est passé ! Viens ouvrir tes cadeaux !

– Oui, je sais, maman... J'étais avec lui...

– Qu'est-ce que tu racontes ? Allez zou ! Lève-toi !

– Mais si, maman, j'ai passé toute la nuit avec le Père Noël, son grand traîneau, les flamants roses... Et je sais ce qu'il m'a apporté. Il a déposé nos cadeaux devant moi. Il m'a même ramené ma lettre. Regarde, elle est sur la cheminée…

– Qu'est-ce que tu es allé encore rêver ! Mais, fais voir. Qu'est-ce que tu as dans les mains ?

– C'est le Père Noël qui me l'a donné…

– Donne-moi ça ! Oh, comme c'est beau ! Et ça brille ! Éteins la lumière ! Regarde ! Ça doit valoir une fortune, ça… Où tu l'as pris ?

– Mais, maman, c'est le Père Noël qui me l'a donné !

– Arrête de dire n'importe quoi ! Je te demande de me dire où tu as pris ça…

– Mais, maman, je t'assure que c'est le Père Noël qui me l'a donné cette nuit…

Eh bien, ma maman, elle n'a jamais voulu me croire…

L'ÂNE DE LA CRÈCHE

Moi, je suis l'âne de la crèche. Et j'ai quelque chose d'important à vous dire…

Dans la crèche de Noël, avec mon copain le bœuf, on a les meilleures places. De là où nous sommes, on voit tout… Pas vrai, le bœuf ?

– Ooooooh ! Oui !

Je vous préviens, ne faites pas attention : il ne sait dire que ça… Oui, je sais ce que vous pensez : les ânes, ça ne parle pas ! Et les bœufs non plus, d'ailleurs. Et nous, les ânes, il paraît qu'on n'est pas très intelligents.

Eh bien, détrompez-vous.

D'abord, on n'est pas des idiots. Au contraire, nous passons notre temps à réfléchir ! Longtemps, très longtemps. Et si on est un peu têtu, c'est que, justement, on a tellement étudié les choses avant de prendre une décision qu'on sait ce qu'on veut. On n'est pas du genre à faire les choses à la légère, sur un coup de tête.

Et puis, si on ne parle pas souvent, c'est qu'on attend d'avoir quelque chose d'intéressant à dire… Pas vrai, le bœuf ?

– Oooooooh Oui !

Allez, *zou maï*…

Revenons à la Crèche. Vous vous souvenez de l'histoire ? C'était le 24 décembre de l'année Zéro. Toute la journée, il avait fait mistral. Mais un mistral ! De mémoire d'âne, on n'avait jamais vu un vent aussi fort et aussi froid.

Alors, bien avant que la nuit tombe, on avait regagné l'étable, tous les deux et on s'était bien serrés l'un contre l'autre, allongés sur la paille, essayant de nous tenir chaud mutuellement.

Il devait être dans les neuf heures du soir quand ils ont frappé à la porte. On les a fait entrer. Elle, elle tenait à deux mains son petit ventre bien rond. Lui, il avait les yeux pleins de larmes. Son regard était celui des braves gens. Ses grosses mains de travailleur étaient toutes calleuses. Tout de suite, on a su qu'ils étaient de braves gens. Pauvres, mais braves. On les a pris en pitié. On leur a fait un peu de place entre nous deux, sur la paille…

Et quand le petit est arrivé, il était minuit juste. Une lumière merveilleuse a illuminé notre étable. Une lumière venue de nulle part… Et rappelez-vous, à cette époque, il n'y avait pas l'électricité ! Bien plus tard, on a su que c'était une étoile qui s'était plantée là, juste au-dessus de la crèche et qui nous envoyait cette grande lumière pleine de mystère…

Après, ils sont arrivés les uns après les autres : les premiers, c'étaient les bergers venus des collines voisines ; avec des agneaux autour de leur cou ou dans leurs bras. Puis tous les villageois, portant des lanternes et des torches. Ils apportaient des cadeaux… Et les musiciens aussi, les tambourinaires… Et ça a duré ! Jusqu'à l'arrivée des Rois mages… Oh ! Les beaux moments qu'on a vécus, pas vrai le bœuf ?

– Ooooooooh Oui !

Oh oui, on s'en souvient comme si c'était hier…

Vous vous demandez peut-être pourquoi je parle avec l'accent ? C'est que moi, je suis un âne de Provence, un âne des collines et de la garrigue. D'ailleurs, si vous m'aviez bien regardé, vous le sauriez déjà. Vous l'avez vue, la belle Croix de Saint-André que j'ai sur l'esquine ? Ces poils tous noirs sur mon pelage tout gris qui font une croix en haut de mes épaules ? Il y en a qui disent que c'est la Sainte Vierge qui m'a béni en faisant le signe de croix sur mon dos quand je l'ai protégée des soldats romains, sur la route de l'Égypte. D'autres disent que c'est moi qui ai transporté le corps du Christ quand on l'a descendu de la croix pour le mettre au tombeau et que j'en aurai gardé la marque…

Moi, je vais vous dire la vérité : ce petit qui est né dans l'étable, je ne l'ai jamais quitté. Je l'ai accompagné partout, toute sa vie… Et bien sûr, j'étais là quand on l'a cloué sur sa croix. Alors je me suis mis à ses pieds, agenouillé, et j'ai pleuré… Pleuré… Et quand le soleil s'est levé, l'ombre de la croix s'est posée sur mon dos. Depuis, elle ne s'est jamais effacée.

Un jour que vous aurez le temps, je vous raconterai toutes les belles choses qu'on a vécues ensemble…

Depuis deux mille ans, chaque année, quand vous faites votre crèche, vous avez bien soin de nous mettre à notre place : lui, le bœuf ; et moi, l'âne de la crèche. C'est nous que vous installez en premier, en nous glissant au fond de l'étable.

Oui ça fait deux mille ans que nous sommes un peu les vedettes de la crèche...

Mais ne croyez pas que tout ça nous a monté à la tête ! Ce n'est pas notre genre. C'est sûr, il y en a que ça rend jaloux. Allez faire un tour du côté de la Camargue... Demandez-leur, au cheval et au taureau... Ah, eux, ils seraient drôlement fiers d'être à notre place. Mais le petit, il nous l'a dit : dans l'éternité, la place de devant, elle sera toujours pour les humbles et pour les braves, pas pour les riches et pour les fiers ! Et nous, on n'est pas fiers, pas vrai le bœuf ?

– Ooooooo ! Non !

Qu'est-ce que tu as dit ?

– Ooooooo ! Non !

Mais tu sais dire non ? Alors ça, c'en est un, de miracle !

Je vous ai dit que j'avais quelque chose d'important à vous dire. Vous voyez, depuis quelque temps, nous ressentons comme un malaise. Il y en a qui voudraient nous faire déménager. Qui trouvent que notre étable, elle n'a pas sa place dans les lieux publics, dans les mairies ou sur les places. Là où tout le monde peut venir nous voir... Ceux-là, ils nous font vraiment de la peine. Beaucoup de peine.

Moi, l'âne de la crèche, je vais leur dire ce que je pense : *vous, dans deux mille ans, est-ce qu'on parlera encore de vous ?*

BIBLIOGRAPHIE

Bien que ce livre soit en grande partie écrit à partir des souvenirs personnels de l'auteur, il fait référence aux livres suivants :

NOËL PROVENÇAL de Marion Nazet, Edisud – 1997
SANTONS et TRADITIONS de NOËL en PROVENCE d'André Boulaya d'Arnaud, Tacussel Editeur – 1975
LES ORIGINES DE LA CRÊCHE PROVENÇALE de Pierre Ripert, Éditions Tacussel – 1956
NOUVELLE HISTOIRE DU SANTON de Marcel Provence, Éditions Tacussel 1949
SANTONS de PROVENCE de Charles Galtier et Eric Cattin, Éditions OUEST FRANCE – 1996
CRÈCHES et TRADITIONS de NOËL collectif du Musée des Arts et Traditions populaires de Paris. Catalogue de l'exposition 1986/1987
LA PROVENCE ET LE COMTAT VENAISSIN de Fernand Benoit, Aubanel – 1975
Les FÊTES en PROVENCE de Jean Paul CLEBERT, Aubanel – 1982
FOLKLORE de la PROVENCE de Claude Seignole, Éditions Maisoneuve et Larose – 1967
La PROVENCE CALENDALE de Christiane Maréchal, Éditions Campanile – 1998
MEMOIRES et RECITS – Frédéric Mistral (1906). Ed CPM – 1980
CD : Jean COUTAREL raconte NOËL EN PROVENCE – PJC 0042 – Musique, Histoires, traditions et contes, Productions Jean Coutarel – CREPMP – 2000.

Table des matières

Première partie : La période Calendale 11
L'hiver en Provence 13
La période Calendale 14
Les veillées 16
Le Vin cuit 17
Le 4 décembre : Sainte Barbe 18
On prépare la Crèche 19
Le Blé de Sainte-Barbe 20

Deuxième partie : La Crèche et les santons 25
La crèche universelle 27
Les Mystères du Moyen – âge 29
Des "Santibelli" aux "Santons" 32
La généralisation des crèches en Provence 33
La crèche traditionnelle 35
Crèche provençale ou village de Provence ? 39

Troisième partie : Les chants de Noël 41
Noël et ses chants 43
Les noëls de Notre Dame des Doms 44
Des noëls provençaux universels 50

Quatrième partie : Les Traditions de l'Avent 55
le temps de l'Avent. 57

Cinquième partie : le temps du renouveau 61
Trois jours de fêtes 63
Le Cacho fiò 68
La Traditionnelle Messe de Minuit 73
Les treize desserts 77
Le repas des ameto 82
Les autres repas de Noël 82

Pas de Noël sans truffes *83*

Sixième partie : De Noël à l'Epiphanie **87**
    Le 26 décembre : l'an nouveau *89*
    La visite des Crèches familiales *89*
    La Saint Jean d'Hiver *89*
    La fête des fous *90*
    Saint Sylvestre et le Jour de l'an *91*
    L'Épiphanie et Les Rois Mages *92*
    La distribution des cadeaux *94*
    La Marche des Rois à Aix en Provence *95*

Septième partie : De l'Epiphanie à la Chandeleur **97**
    Le mois de Janvier *99*
    Les Pastorales *99*
    Le jeu de Loto *104*
    Les chiffres du loto et leurs sobriquets *105*
    La Chandeleur *107*
    La crèche blanche *109*
    Un noël sans bondieuseries *110*

Huitième partie : Quelques contes pour finir **113**
    La table de Noël *115*
    L'étoile *121*
    Le Père Noël et les Rois mages *125*
    Alfred la Lièvre *131*
    Renaude et Jean-Baptiste *137*
    Le tambourin de Pépo *141*
    Germaine et la rabasse *149*
    Le Noël de Baptistin *159*
    Le Santon Lumineux *164*
    L'âne de la crèche *169*

Bibliographie **173**